城市研究系列

Urban Studies

城市研究系列

主　　编　周　宪　［加］罗伯·希尔兹

项目总监　王瑞书

项目执行　任　晖

城市研究系列
Urban Studies

郊区化的世界

自外向内打造世界城市

Suburban Planet

[加]罗杰·凯尔 著
刘淑红 译

江苏凤凰教育出版社
Phoenix Education Publishing, Ltd

图书在版编目(CIP)数据

郊区化的世界:自外向内打造世界城市 / (加) 罗杰·凯尔著;刘淑红译. —南京:江苏凤凰教育出版社,2020.12

ISBN 978-7-5499-8968-3

Ⅰ.①郊… Ⅱ.①罗… ②刘… Ⅲ.①城市建设—郊区化—研究 Ⅳ.①F291.1

中国版本图书馆 CIP 数据核字(2020)第 199352 号

翻译自 Suburban Planet——Making the World Urban from the Outside In By Roger Keil 2018.

First published in 2018 by Polity Press
This edition is published by arrangement with Polity Press Ltd., Cambridge.

江苏省版权局著作权合同登记 图字 10-2018-310 号

书 名	郊区化的世界:自外向内打造世界城市
作 者	[加]罗杰·凯尔
译 者	刘淑红
责任编辑	段晗胭 杨赤民 李锦锋
出版发行	凤凰出版传媒股份有限公司
	江苏凤凰教育出版社(南京市湖南路 1 号 A 楼 邮编 210009)
苏教网址	http://www.1088.com.cn
照 排	南京紫藤制版印务中心
印 刷	江苏凤凰通达印刷有限公司(电话 025-57572508)
厂 址	南京市六合区冶山镇(邮编 211523)
开 本	787 毫米×1092 毫米 1/16
印 张	14.25
版 次	2020 年 12 月第 1 版
	2020 年 12 月第 1 次印刷
书 号	ISBN 978-7-5499-8968-3
定 价	40.00 元
网店地址	http://jsfhjycbs.tmall.com
公 众 号	苏教服务(微信号:jsfhjyfw)
邮购电话	025-85406265,025-85400774,短信 02585420909
盗版举报	025-83658579

苏教版图书若有印装错误可向承印厂调换
提供盗版线索者给予重奖

出版说明

城市研究领域很深广，涉及多学科内容。经济、政治、文化、环境、资源、规划、可持续发展等主题，都与城市有关。这些主题大致涵盖了实体的物质空间和抽象的文化空间，也许在一定程度上与当代生活有关的问题大多是城市问题。

“城市研究系列”即是对中国城市化进程中可能遭遇的各种问题在理论上的一种回应。“系列”以经典性与前沿性为导向，理论研究与实证研究并重。在内容方面重点关注与城市主题有关的经典性著作、各学术流派的代表作、当代前沿问题研究、城市研究新理论、城市文化现象与发展方向的探讨等。这些内容不仅追溯了城市发展的历史进程中诸多富有影响力的节点，也契合了当前社会的热点和趋势。

“城市研究系列”既重视国外先进的城市研究著作的引入，也重视国内城市研究领域中优秀的原创著作的出版。我国的城市研究起步较晚，引入国外先进的学术理论，其目的是丰富我们认识城市的路径，建立更加科学的观照体系，从而形成并完善我们本土的城市理论系统建构。

作为中国城市化进程的目击者、参与者、解释者、引领者，我们有责任告诉世界这个历史悠久的农业大国在这一巨大的城市化转型中所发生的一切。而城市本身所具有的多样性与复杂性，也值得我们去探究，去呈现，去引领。

我们期待“城市研究系列”这一高水准的中外城市理论研究出版平台所带来的新角度和新方法，所开启的新视野，所探讨的新问题，能为我国新型的城市化进程提供充分的学术支持。

江苏凤凰教育出版社

献给当代的年轻人（你们最清楚自己是谁）——一代生活在郊区世界里的公寓居民。

目　录

致　谢

我曾担任约克大学首席讲座教授，并负责由加拿大社会科学和人文研究委员会2010至2018年间资助的重点合作项目——“全球郊区主义大型合作研究项目：21世纪的治理、土地和基础设施”，这样的研究和工作经历对我写作此书大有裨益。在过去七年里，凭借主持该项目的机会，我与全球郊区化研究领域最前沿的50多位研究人员及20多位合作伙伴一起工作，对此我心存感激。我从这些同行身上学到了很多东西，也希望他们能在本书的字里行间发现自己思想的种子。我的同事们完成了卓越的工作，我很清楚自己不能代表他们，但是会尽我所能地借用这本书来体现他们的工作。虽然无法在此一一感谢在这条研究之路上陪伴过我的所有人，但我仍然想表达对他们感激之情。特别感谢罗宾·布洛赫（Robin Bloch），在30多年的研究工作中，他一直是我最亲密的伙伴；皮埃尔·哈梅尔（Pierre Hamel），我们在与本书相关的各个项目上一起合作了差不多20年；还有萨拉·麦克唐纳（Sara Macdonald），10年来，我们一起工作，一起游历世界各地。

感谢我在环境研究学院（FES）的学生以及很多鼓励我的人。

这么多年来，我的研究助手们为本书做了大量工作。首先要提到的是珍妮·卢格(Jenny Lugar)，她几乎搜集了郊区研究领域的所有资料，并为我鉴定了一些重要文献，我对她所做出的令人惊叹的工作表示万分感谢；我也要感谢乔伊斯·陈(Joyce Chan)为本书手稿的格式和书目校对提供的帮助；除此之外，我还要感谢政治出版社(Polity Press)的编辑人员，正是在他们悉心的专业指导下，本书才得以付梓。

在本书一些章节中，我选择性地使用了本人业已出版和即将出版的作品中的一些内容。其中包括我独立完成的一篇关于建成环境的论文，题为《公园里的塔楼、花园里的平房：外围密度、大都市尺度及后郊区政治文化》(Towers in the park, bungalows in the garden: Peripheral densities, metropolitan scales and the political cultures of post-suburbia)；我与皮埃尔·菲利翁(Pierre Filion)合写的一篇文章——《有争议的基础设施：全球郊区的张力、不平等和创新》(Contested infrastructures: Tension, inequity and innovation in the global suburb)，该文刊载于《城市政策和研究》(*Urban Policy and Research*)上；我与埃里克·沙尔姆(Eric Charmes)合作的《加拿大和法国的后郊区形态》(Post-suburban morphologies in Canada and France)，发表于《国际城市与区域研究》(IJURR)；我与萨拉·麦克唐纳合写了《自外向内再思城市政治生态：后郊区城市的绿地和边界》(Rethinking urban political ecology from the outside in: Greenbelts and boundaries in the post-suburban city)，这篇文章发表于《地方环境》(*Local Environment*)杂志；我曾为约翰·哈里森(John Harrison)和迈克尔·霍伊勒(Michael Hoyler)的合著《全球城市研究》(*Doing Global Urban Research*, Sage)、亨里克·恩斯特森(Henrik Ernstson)和埃里克·斯温格杜(Erik Swyngedouw)的合著《打断

人类活动：城市性质的政治可能性》(*Interrupting the Anthropo-ob(S)cene: Political Possibilities in the Natures of Cities*, Routledge)、伯杰(Berger)和科特金(Kotkin)的合著《无限的郊区》(*Infinite Suburbia*, MIT)以及杰恩(Jayne)和沃德(Ward)的合著《城市理论：新批评视角》(*Urban Theory: New Critical Perspectives*, Routledge)写过一些章节，这些章节与本书内容存在部分重叠之处。

在阿伯瑞特威斯大学、蒙彼利埃第一大学、达姆施塔特理工大学、约翰内斯堡的维茨城市研究院和曼彻斯特大学担任客座教授的经历使我获益匪浅。我曾经有机会向加拿大乃至世界各地的听众宣讲与这个项目相关的一些内容，得到的反馈意见让我有了更加清晰的思路。我希望本书能够将这些经历呈现出来。

不管怎样，我理应对推特社区里的所有关注者说一声谢谢。在研究的漫漫征途中，他们源源不断地为我提供信息，有时候甚至多到无法处理，这些信息非常有助于本书的写作。

最后我想感谢挚爱的乌特·莱勒，你陪伴我在地球上的郊区里度过了长达四分之一个世纪。如果月球上也有郊区的话，我相信你一定会伴随我前往。

罗杰·凯尔

2017年4月写于多伦多

第一章　引言

> 城市现实(人口、活动、财富、商品、物品、工具以及方法和思想)高度集中并发生巨大爆炸,大量分散的碎片(外围、郊区、度假屋和卫星城)投射进空间。(Lefebvre,2003:14)

当谈及我们在何地以何种方式居住、工作和娱乐时,我们正生活在一个瞬息万变的时代。除了欧洲的工业化、拉丁美洲的城市化以及北美洲的郊区化,历史上没有几个阶段像我们目前所生活的时期一样,历经如此巨大的变化。我们可以假定,城市化标志着我们作为地球公民共同经历的时刻。根据联合国2014年发布的《世界城市化展望》(*World Urbanization Prospects*,2014),预计2045年城市人口将超过60亿,而1950年居住在城市环境里的人口只有7.46亿。现在大家普遍认为,这一发展正在塑造所谓的城市时代的全球发展目标(Burdett and Sudjic,2007;2011;Brugmann,2009)。批评家对这样的思想进行了严肃的方法论上的批评,正如一些学者指出的，相对于市中心，我们应该多关注都市社会中的人而不是城市里的人，多思考“星球城市化”之类的术语而不是全球和大都市等分类。

诚然，这些批评极其敏锐且十分重要，但是目前本书的目的却不在于此，而是要介入一个不同的领域。城市时代这一概念的核心是城市人口正从分散的环境向更密集的环境迁移，并在那里居住、工作和娱乐。这种向更紧凑的工作和生活空间模式的转变，在21世纪人口向“落脚城市”的世界“终极大迁移”中得到有力的印证(Saunders，2011)。工业化国家经历了长达半个世纪的去工业化、郊区化和城市衰退之后，现在出现了明显的再城市化趋势，与之相对应的是，欠发达国家数百万最早的城市居民的全球迁移。更重要的是，应对气候变化和可持续性挑战的规划师和城市学家对以上过程表示欢迎，并为此制定了规范，据说紧凑密集型城市更容易应对这样的挑战。虽然此类再城市化、密集化和紧凑化等过程是城市时代或真实或想象的特征，本书的关注点却是有关城市增长的一些问题，如果把城市扩张、去中心化和郊区化等趋势考虑在内，我们将更容易理解这些问题。仔细分析一下，正如本书中一系列历史性、概念性和主题性章节所要探究的，城市时代更应该被看作郊区时代。我们生活在一个郊区化的世界里，这一观点得到统计证据的支持，其中包括什洛莫·安吉尔(Shlomo Angel)等人的研究(Angel，Parent and Civco，2010；Angel，Parent，Civco and Blei，2010)，这些证据表明城市人口增长和活动增加的特点以城市地域不成比例的扩张为特征。换句话说，随着世界城市化的发展，城市人口将不再那么稠密，城市空间利用率也随之降低。

预计到2030年，地球上的城市土地将达到120万平方公里，相当于2000年的两倍。城市化的惊人发展速度让每一个人都必须停下来思考一下，这一普遍存在的趋势将给气候变化、生物多样性等带来严重后果（参见 Seto，Cüneralp，Hutyra，2012）。在不久的将来，另外 30 亿人口还有待安置。地球表层上的大多数未来居民将生活在崭新的城市里，这些城市的形式从“柯布西耶式噩梦”“广亩园”到棚户区不一而足，而更多的原本已生活在城市的居民也将迁往大多位于郊区的新环境。也许除了混杂着历史感的中国新城镇，这些城市中没有一个看上去与 19 世纪的曼彻斯特、巴黎，或者阿姆斯特丹、巴塞罗那城市中心有些许相似之处（Swilling，2016）。在这一方面，比较突出的有两点：第一，这种预期的城市化将显得极其不均衡，在下一代，绝大部分的全球城市化将出现在中国和非洲；第二，可以预测，我们下一代或两代人所面临的大多数城市扩张，将无法映射目前在全球北方城市中广为人知的再城市化趋势，但是这种扩张在本质上依然是广泛的。在某些地方，城市扩张将采取大不相同的形式，比如在中国或土耳其，城市扩张以国家资助的大规模项目推动密集的高层建筑型郊区的发展；而在非洲或印度的大多数地方，我们可以看到持续不断的低密度郊区化形式非常盛行（Bloch，2015；Gururani，2013；Mabin，2013；Wu and Shen，2015；Wu，2013）。与此同时，北美洲、欧洲和澳洲的城市又呈现出另外的郊区扩张形式。在这些地方，现在正在兴建的机场、私人机动运输以及公共交通系统等基础设施可以让人们到达通勤区最遥远的角落，进而扩展了城市区域。这些野心勃勃的基础设施建设常常推动城市住宅区、商业区和工业区进一步扩张，而地方政府三心二意的增长控制几乎无力抵挡这股潮流（Addie and Keil，2015）。

城市星球这一概念并不新鲜。例如，早在 1976 年，曼纽尔·卡斯特尔（Manuel Castells）就指出，美国的精英们基于城市世界已经出现这一假设而展开行动。他引用了康涅狄格州前参议员亚伯拉罕·亚历山大·里比科夫的话:“我们说城市是美国生活的中心问题,简单说来就是我们认识到城市生活就是美国生活;恰如城市生活正在成为全世界人类的生活方式……”(引自 Castells,1976:2—3)。里比科夫强调的是一种定性而非定量的城市生活转向:“城市并不仅仅是住房和商店,也不仅仅是教育和就业、公园和剧院、银行和店铺。在这个地方,人应该有尊严地活着,他的安全应该得到保障,并与他人和谐共处;在这里,人人都能够享有现代文明所取得的伟大成就,也可以享受美丽的大自然给予的永恒愉悦。”(引自 Castells,1976:3)亨利·列斐伏尔(Henri Lefebvre)先于卡斯特尔几年就已经宣告了城市社会的到来。列斐伏尔的著作《城市革命》(*La Revolution Urbaine*)2003 年首次以英文出版,他在该书中预言人类社会将发生不可逆转的城市化,因为城市空间的生产正在成为中心过程,通过这一过程,跨世界的新陈代谢关系变化使得资本得以积累,城市范围得以扩展,它将远远超过现在的物理边界(Lefebvre,2003)。

自这些关于城市世界的早期预言出现以来的半个世纪里,很多人为了赶时髦,一窝蜂地宣告城市时代开始了。在有关列斐伏尔研究的整个领域中,学者们为在城市化时代有可能行使城市权利而欢呼雀跃。最近,“星球城市化”新纪元的宣言也许已经成为发扬列斐伏尔思想最具影响力的方式(Brenner,2014)。在对城市化革命潜能的热情和对主流城市主义的尖锐批判这一浪潮中,如本章开头题词中关于城市外爆与内爆的思想,有足够的理由认为“此处”的密集化过程和“彼处”的去中心化过程有直接关系。“振荡的增长动态”(Keil and Ronneberger,1994)是席卷全球城市区域的城市化浪潮的特征:城市中心人口增长和经济活动增加的时候,城市外围也是如此；当位于城市边缘的法兰克福机场扩充时，核心区的金融行业的活动也在增加；当多伦多的城市边缘扩展至保护区橡树岭冰碛地带（Gee，2017）的时候，内城的公寓楼也直冲云霄；当洛杉矶一次又一次试图将居住人口安置在业已绅士化的市中心的时候（Dillon，2017），其沙漠边界却仍然在继续无限推进，尽管墙上写满了关于（次贷）危机的种种文字。

伟大的美国规划家约翰·弗里德曼（John Friedmann）使用"城市前景"和"城市转型"这样的术语，指出世界在不可逆转地向城市转变，而且这种转变是无法避免的（2002）。城市转型是从农村和农业向城市转变的一场势不可挡的运动。19 世纪 60 年代，弗里德曼就已经把城市领域视为城市转型的空间形式："人们不再可能把城市当作单纯的人工制品、政治实体或者人口结构。所有这些概念都已经过时了，它们只能让人们想起曾几何时，人们在城镇和农村、城里人和乡下人之间划分出一条泾渭分明的界线。"（Friedmann and Miller，1965：314）这一转型当然不只是砖块和灰浆、基础设施和技术的转型，它还包括这个世界上生活方式的城市化："我们正进入一个世纪，在某种重要意义上，在此期间世界人口将完全城市化，这一点是不可改变的。"（Friedmann，2002：2）我们可以认为，在这个世纪，全球资本将继续扩张并得到巩固，城市转型也将完成。弗里德曼和米勒（Miller）在他们曾经写过的一篇城市研究领域的开创性文章中说道："城市领域的模式不容易观察到，也很难用欧几里得的几何术语将之合理化。它将是一个大型的复杂模式，不像传统城市那样可以被感觉到。"（1965：319）这一关于城市形态扩张和想象的描述与列斐伏尔所说的城市爆炸（2003）不谋而合。

布莱恩·华尔士（Bryan Walsh）在《时代周刊》（*Time*

Magazine)上发表了自己的看法:"城市化浪潮不可能、也不应该被阻挡,但是为了使城市化具有可持续性,我们应该改变未来的城市建设方法。"(2012)但事实上,我们正在以什么方式建设城市呢?在过去200年,甚至几千年,我们似乎一直在采取环状同心圆式扩张的方式建设城市,即围绕一个典型的宗教或世俗权力和商业中心来建设城市。在整个20世纪,很多核心城市经历了这种或那种"豪斯曼式"大规模改建,增加轴心、走廊,更加中心集约化和结构化。其他城市也都成为现代产物,如巴西首都巴西利亚和二战以后被炸毁的欧洲城市。但是大多数现代城市化已然是一种持续不断的郊区拓展过程。随着时间流逝,这些郊区自身也变为城市。它们往往变得更加密集,更加正规,也越来越依赖移动技术。在前工业时代,这是一种最低限度的扩张,其中大多与有限的移动技术有关。在军事上,城市的紧凑形式使之能够较好防卫,因此这也可以成为城市的一种优势。在20世纪的工业城市和汽车城市,扩张并不仅仅作为一种很快就会让位于更加传统的城市主义形式的暂时状态而受到欢迎。与之相反,即使现在扩张没有被看作城市主义青睐的形式,它也被视为一种合理形式:无论是美国梦中的单户独栋住宅区、苏维埃帝国的新城镇,还是社会民主主义欧洲和加拿大的房产,真正能体现社会成功的是城市外围而非城市中心。对于本世纪中期的规划师和城市建设者而言,那种从花园城市、卫星城镇和汽车都市的住宅区再回到核心区的路径可能听起来令人难以置信,甚至是不受欢迎的。然而,无论是对于基础设施融资、工作还是政府服务,那些20世纪连续不断的郊区化浪潮大多仍然有赖于城市中心并与之相关联。然而在千禧年即将结束的时候,这一点发生了变化。在城市研究中的洛杉矶学派语境中经常讨论的一个话题是,正如我们过去了解的,我们现在开始看见中心的消解。反

之，城市形式变为多中心的，郊区则更多地表现为自由活动的单元(Soja，1996；2000)。

我在本书提出的论点是：在当前技术、资本积累、土地开发和城市治理等的变化趋势下，预期的全球城市化在很大程度上就是城市郊区化。然而，就在现有城市向外扩张，其周围土地被大规模爆炸性开发时，(作为城市专业人士、规划师、城市研究学者中的一员)我们却不加质疑地接受中心主义和紧凑性作为21世纪城市化的指导思想。作为后新自由资本主义的主要产物之一，郊区土地不论以何种形式存在，不管是北美洲的住宅区还是印度或非洲的棚户区，它都会继续成为一种聚落。人们不会自然而然地认为，现在世界范围内出现的郊区化可能会导致更密集、更中心的城市化形式——尽管这种可能性是存在的。

紧随安迪·梅里菲尔德(Andy Merrifield)倡导超越城市研究的传统二分法、建立新的概念、并从根本上重建城市化理论(2012)之后，我写作了这本关于全球郊区化的书籍，但其目的绝不是标记"郊区"类别和其他维度之间的差异或者使之具体化，即使这正是一般城市化向前推进的原因。传统的城市和郊区二分法本身会对更好地理解整体城市化构成障碍(Schafran，2013)，然而它也是我们所认为的良好城市和糟糕城市差别的核心所在，亚历克斯·沙法兰(Alex Schafran)称之为"乌托邦和反乌托邦愿景之间持续不断的对抗，过去一个世纪以来，美国城市与乡村相抗衡这种大都市思想的辩证法过程使得这种无序对抗得以形成，至少在美国背景下如此"(2013：136)。在此意义上，本书自认定为梅里菲尔德所命名的"重构的城市研究"(2012)的一部分，它摒弃了"有关北方和南方、发达世界和欠发达世界、城市的和农村的、城市的和区域的，以及城市和郊区之间的种种陈词滥调"。因此，这本书是对重新焕发生机的城市理论对话的贡献,更是对郊区研究争论的一种明确的介入(参见 Judd and Simpson,2011;Robinson and Roy,2016)。

因此,本书的研究主题是全球郊区化这一城市扩张中无处不在的特定过程。即便如此,我认为还是有必要在开篇之际消除几个误解。首先,这不是一本为郊区化辩护的书,虽然本书表面上是关于郊区和郊区化的,但它并不反对城市和城市化。对郊区生活方式和外围城市化模式持续的、也许是日益突出的重要性的认识,并不意味着忽视向城市中心发展的巨大推动力,以及世界上很多地方出现的再城市化趋势和城市核心的复苏。大部分内城的再生,作为一种新的空间修复——创意知识经济的兴起——在去核心的昔日制造业都市占据了主导地位,这种再生大多与绅士化浪潮和城市中心贫困人口的驱逐相关联。

因此,这本书主要探讨列斐伏尔提出的"爆炸"学说,这也是我们目前正在经历的城市化进程的一部分。"内爆/外爆"这一暗喻本身就存在严重的局限性,这是因为在天体物理学时代,它具有特定的时间性,但是现在我们假设郊区化是离心运动的一部分,它创造了较低密度的非结构化社区,超越了传统的城市核心。这一核心,在高度和规模上,一方面在收缩,另一方面却在增长。然而,在强调郊区化的重要性时,我们并没有否认与此同时出现的持续的,甚至是不断增强的都市化和再城市化,我们也不是在谈论传统意义上这个过程借此得名的郊区化。为了顺应本书的思路,我将请求我的读者,在读到郊区、郊区化和郊区主义这些字眼时,至少暂时,在一定程度上,将僻静胡同里的尖桩篱笆和单户独栋住宅这些意象抛到一边。

在这本书中,我说的一般意义上的城市/郊区化和城市/郊区主义,以及具体意义上的郊区化和郊区主义是什么意思呢?首先,郊区化是"非中心的人口和经济增长与城市空间扩张的结合"(Ekers et al.,2012:407),郊区主义指郊区生活方式。然而,定义的简单性丝毫不能掩盖我们在世界范围的郊区化过程及郊区生活方式中发现的巨大多样性。重要的是,这本书的焦点不是郊区这个事物,而是郊区化这个过程。郊区化是一个活跃的生产和再生产过程,这包括世界生产的扩散过程。这也是一个世界化的过程,在一定意义上,它是缔造当今世界的过程。这一转义让我们回想起大卫·哈维(David Harvey)说过的话,我们需要关注的是城市化这个过程而非城市这个事物(1996)。本书试图帮助大家认识城市外围在这些过程中所起的作用。具体而言,郊区化被看作自建式、政府主导和私人主导开发的产物;大多数时候,这三种形式的郊区化同时存在并且相互交织,它们并不是在历史上按阶段发展的(Ekers et al.,2012)。由此形成的见解对本书最基本的研究方法至关重要:"与将郊区按阶段发展划分为扩张和衰退的方式相反,区分自建式、政府主导、由市场或私人主导的郊区发展可以避免过分看重欧美经典案例,并有利于揭示不同空间里可比较的、却又各不相同的郊区化发展过程。"(Ekers et al.,2012:411)

当其他书籍、方法和观点正在呈现"一个郊区的世界"(Harris,2010)时,本书却通过郊区化来揭示这个世界。郊区化不是世界演变/循环方式的副产品,而是一面镜子,透过这面镜子,我们可以批判性地看待今天的世界。随着列斐伏尔的城市革命转向,整个地球上的城市区域都出现了郊区化现象。无论你以什么视角看待城市化进程——在此我采用的是一种关联的拓扑学视角——我们今天所知晓的生活现实都以多层面的平淡无奇(*Alltäglichkeit*)为特征。本书既不是郊区化简史,也不是对郊区化研究的系统回顾,当然也不是一本郊区生活方式集图册。凡此种种有关郊区化的研究，你皆可以在近期出版的大量书籍中读到(Moos and Walter-Joseph，2017)。相反，本书提供了一系列有关郊区化和郊区生活方式的争议。近来，郊区或郊区居民概念得到进一步重视，一些研究者已经试图在“郊区的世界”里提炼出“有意义的类型”，从他们的研究工作中我们可以获得一些启示(Harris，2010)。郊区化的分类和词汇已经创建并有所发展，其中“郊区”一直是中心词汇(Harris and Vorms，2017)。本书利用前人的这些重要贡献，但尝试采用与其完全相反的少定义、多探讨的方法。我对界定“郊区”的概念边界了无兴趣，反之，我的兴趣在于将我们这个世界持续的郊区化融入城市理论构建的整体计划之中。

至于具体的全球郊区扩散，存在一些趋同之处：大片封闭式围墙之后的单户独栋郊区住宅，购物中心、高速公路和机场仓储景观，修筑在郊区河道溪流中的混凝土区域水道构成的防洪基础设施，带有办公楼和公寓楼的边缘城市，等等。但在形式和功能上真正融合的领域仍然是内城区，它拥有共同的雄心壮志——创造力、资本积累和文化，以及消除了整个地球差异的高度绅士化。与此相反，我们发现整个的郊区和后郊区发展充满意外。我们来看一看，例如，无论是东方和西方重建的郊区现代塔楼街区，横亘于地平线上熙熙攘攘的贫民窟和棚户区以及非洲城市外围的新中产阶级街区(Bloch，2015；Mabin，2013)，中国特大城市的垂直郊区(Fleischer，2010；Wu and Shen，2015)、美国莱维敦镇的“经典”郊区及其沙漠和林区的取消赎回权的“粗俗”远郊(Knox，2008)、英国绿地的过渡镇、边缘城市、远郊，还是任何其他形式的郊区聚落，在城市建设和重建的现代历史中，我们看到，与任何其他地方相比，郊区也许更具有多样性。

这一份不完整的清单也表明，本书并不聚焦于某一种特定类型的郊区，至少不是关于北美郊区的，尽管这一模式长久以来被奉为郊区化现象的经典案例，并激发了该领域众多专家学者的兴趣。虽然第二次世界大战后，美国（在一定程度上还有澳大利亚、英国和加拿大）的单户独栋住宅郊区在本书得到一定关注，但是它的具体问题无法取代世界的郊区化，或者颠覆"全球化的郊区化"这个概念。本书展示了有关郊区问题的批判性思考的最新草图，并超越世界郊区研究领域一些主要的思想家提出的经验和理论证据，深入到关于城市的全新理论化思辨领域。在此过程中，本书采取了与大多数现有文献截然不同的立场，后者将郊区视作（"城市"的）衍生物；并认为郊区（在社会生活和环境可持续性方面）是不确定和存在不足的，（在建成形式上）是统一的。更重要的是，这本书赋予了郊区化在概念想象和真实世界中应有的地位，我们必须通过这些想象和真实世界来理解我们正经历的全球城市主义。

自然，这本书对一些美国自由主义学者和专家提出的促进郊区发展的传统论点持批判态度。这些论点应该得到评判，但是本书无意于此。然而，本书也不是一篇针对郊区的令人厌烦的长篇檄文，它没有极力反对把郊区看作是充斥着今天城市所有问题（汽车、购物中心、厌倦感和无序蔓延等等）的地方。虽然本书直言不讳地指出郊区化对人类和自然环境产生的影响，但书中并没有运用道德审判来探讨郊区。所谓的城市化外围，仅仅只是关于中心和外围不断变化的城市地理的更大范围讨论的开端。在经典的租金理论、芝加哥学派城市主义或批判城市理论（最著名的是受列斐伏尔影响的理论）的不同辩论中，对中心性往往望文生义。因此，在历史上，郊区化不只是在空间意义上被看成是远离社会和城市的核心。本书将对这种从中心向边缘转移的模式提出质疑，并根据近期城市化的动态来探讨"城市的权利"。

我们今天看到的大多数城市建设、重建和破坏都是在郊区进行的。更进一步说,很多城市扩张和城市变化(包括收缩)都发生在后郊区环境中,在这样的环境中,郊区扩张仅仅是变革和重新安排城市外围的一系列方式中的一种。本书的议题并不只是初级或原始的郊区化,而是复杂的后郊区风格(Phelps and Wu,2011)。

本书并不聚焦于任何一个特定郊区。尽管来自很多真实地方的经验和数据激励和促进了我的写作,我在叙述时十分依赖自己的研究,以及过去 20 多年在法兰克福、洛杉矶、多伦多和蒙彼利埃等城市的生活经验,但是书中并没有呈现特定的地方/案例研究。

本书将定期回到三个重要领域:物质形态/建成环境;社会关系/过程/治理;城市(郊区)政治生态。从本质上讲,真正的郊区化凭借治理、土地和基础设施这三个相关维度,得以继续进行,本书通过批判性地看待这些问题而确定了方向。继艾克(Ekers)、哈梅尔(Hamels)和凯尔(Keil,2012)之后,我认为郊区空间的生产是政府、资本和私人(常常是私人威权主义的)行动三者的结合体。

我无意将此书写成一本郊区化百科全书。相反,它是关于该主题的一篇长论。迄今为止,城市研究已经完成了一些有关郊区化的研究工作,在尊重这些工作的前提下,《郊区化的世界》将推进该领域的"最新"研究。虽然具有主观性和争论性,但本书还是基于"全球郊区主义大型合作研究项目:21 世纪的治理、土地和基础设施",该项目也许是全球最大型的有关郊区化和郊区主义的研究项目,我是该项目的负责人。约克大学的这个重点合作研究项目由加拿大社会科学和人文研究委员会赞助,课题年限是 2010—2018 年。对本课题业已完成的实证研究和其他项目组成员所做的基础工作,我将加以整理,并适当地选取一些内容收录在本书某些章节中。

简言之，本书将论证以下几点：

· 城市时代实质上就是郊区时代。在大多数城市世界，城市人口的扩张和收缩、建成形式和经济活动等多数活动将发生在城市外围地区。

· 当世界继续“城市革命”(Lefebvre，2003)时，应该关注的是它如何与今天城市化特有的空间、经济和社会外围化过程相互关联。

· 不论我们把这些形式称为郊区、城市周边、外围、后郊区、远郊还是运用其他相对应的概念，这一现象，借列斐伏尔的话来说，“是普遍的”(Lefebvre，2003：54)。

· 正是通过(宽泛定义的)郊区化透镜，城市化进程在21世纪才得以显现。

· 本书将提供一个强有力的论据，说明全球郊区化具有更广阔的比较视野的可能性，摒弃将北美洲郊区的“经典”案例想当然地当作郊区研究的基准的观点。

我们生活在什么样的世界？郊区的世界！

当今全球郊区化景观表现出如万花筒般多姿多彩的样貌。在世界各地，快速郊区化的地理区域正呈现出多重性，但是这种多重性在某种程度上也具有欺骗性。世界上不同区域相互混杂，它们之间的差异模糊不清。在后殖民、后郊区世界，一个郊区传统的形式、功能和关系等很容易被或远或近的其他郊区的传统融合、折射和完全取代。我们的视野也随之改变，并共同面临挑战，以抛弃历史上观察城市化的特权地点，其中既包括城市中心的特权，也包括全球北方国家的特权，长久以来它们在本质上被视为全球城市化轨迹的准则。

我非常尊重城市最终的不可知性，也对郊区的不可知性表示一定的尊重。在大卫·米切尔（David Mitchell）出版于2004年的小说《云图》（*Cloud Atlas*）里，主人翁之一的路易莎穿过一座虚构的城市——这座城市的原型也许是20世纪70年代的圣地亚哥或洛杉矶：

> 当路易莎操纵着陌生的变速器缓慢前行的时候，耳畔响起一阵愤怒的喇叭声。太平洋沿岸是这座城市的富人区，但在驶过第13号大街之后，这一特性便消失殆尽。由城市浇灌出来的角豆树渐渐让位于一排歪歪扭扭的街灯。在这些小街上，也看不到气喘吁吁的慢跑者。在任何一个工业带的制造业园区都可以看到类似街区。流浪汉坐在长椅上打盹儿，人行道杂草横生，随着一个个街区过去，人们的肤色越来越暗，被路障堵住的门上贴满了传单，在手持喷雾壶的十几岁少年的身高线以下的平面上遍布涂鸦。清洁工又在罢工，阳光下成堆的垃圾已经腐烂。当铺、没有名字的自助洗衣店和杂货店靠着人们破旧口袋里的几文钱艰难度日。再驶过更多的街区和路灯，眼前出现的是无名制造厂和住宅区。路易莎以前从没有开车来过这样的地方，因为这个城市不为人知的地方，她感到十分不安。（Mitchell，2004：419）

令路易莎感到困惑不安的是，一个人不可能真正了解城市，这主要源于我们在走过城区的时候，习惯于选择一些大家都熟悉的路径。对于我们不经常居住、工作和聚会的街区，我们并不了解。

我们不熟悉那些地方，原因在于有意识的隔离和自我隔离的复杂影响以及因社会和经济差异对某些空间的排斥，也在于我们已经内化的生活方式。

在我们的空间知觉领域，我们常常停留在自己熟知环境里的正常地带和舒适区。在小说中，当路易莎发现自己驾车穿越虚构的圣地亚哥时，她已经离开这个地带。但是在面对一个构想空间，也就是公司、国家和资本主义积累的规划空间时，她有一种疏离感，这是因为她无法理解这些人们盲目迷恋的因果过程，这些过程导致社会隔离、去工业化和国家衰退等等（Lefebvre，1991）。我们还可以再补充一点：路易莎的凝视暴露了一种对井然有序的城市里正常和规律生活的关注，而她在去工业化的贫穷郊区找不到这样的生活。但是路易莎对无知（疏离）的个人体验让我们有了一个普遍的认识：只要我们把熟悉的类型映射到不熟悉的事物上，也就是用19世纪和20世纪的眼光来看待21世纪快速变化的郊区/城市化事例，我们就无法理解发生在后郊区时代的城市创造性破坏的复杂过程。19世纪，直至1900年，工业化的欧洲和美洲国家的城市居民在总人口中所占比例约为15%，城市化和工业化被视为一体；20世纪，伴随大规模产业转移，其中包括快速的技术变革、机械化、汽车化和大规模生产等，发生了都市化，从中出现了城市的区域化和明显的城市“分解”。21世纪初，分歧接踵而至：一方面是艾伦·埃伦霍特（Alan Ehrenhalt）称之为“大反转”（2012）的北美洲不断蔓延的大都市的再城市化。在某种程度上，我们也可以在欧洲看见这一“反转”——这一“反转”体现在两方面，一是在传统上保持富裕的市中心；二是将市中心的贫困人口驱逐到外围区域——在这些地方，现在伴随城市核心超绅士化而来的是蔓延的“夹缝城市”或者“没有城市的城市”（Zwischenstädte）（Sieverts，

2003)中秩序的大范围解体。另一方面，在非洲，我们看到新的都市化、郊区化和去城市化模式，在某种程度上，我们在亚洲也看到这些模式，它们并未遵循 19 世纪以来欧洲和美洲设定的城市化轨迹(Phelps and Wu，2011；Mabin，Butcher and Bloch，2013)。

《云图》这一文学实例也指出更进一步的城市/郊区本体论和认识论相关的问题；从一开始，这就与我们认知城市的能力有关。这里的主要问题是，作为城市生活方式的使用者和生产者，在超越经验之外，我们还能够在何种程度上了解城市。当然，经验既具有局限性，也限制了我们获取知识的类型。我们说经验具有局限性，原因在于它是主观的，而且是不完整的。在列斐伏尔看来，经验是“知觉的空间”，且通过知觉空间无法达到抽象概念的维度，也不可能达到真实的生活空间。尽管城市居民从艺术、文学、音乐和史实等方面得到的印象属于影响知觉的经验，这个过程仍然具有主观性。另一方面，科学分析建立在克服知识的主观性、实验性和个体性的基础之上，致力于将客观现实编码化和规范化。

由于一个人的观点可能阻碍他获得有关城市其他未知方面的知识，所以经验总是具有局限性。中产阶级对于城市的偏见正好符合某些城市意象，进而被认为是理所当然的。除了这些被认为是理所当然的城市类型之外，我们很少有机会运用不同于正统的方法去认识城市。在欧洲，这意味着城市特指内城区，郊区并不包括在内。在美国，城市是超越郊区之外的梦幻世界或者噩梦世界，这是体验“城市”的特权地位。但是在这里，这一地位固有的种族化和阶级化视角阻碍了把城市视作一种生活形式的更全面的看法。在此意义上，郊区化和郊区主义便表现为一种认识论的过滤器，它们被感知的特征以及被假定的低于城市的地位，阻碍了郊区居民或非郊区居民看清城市的本来面目：城市是一个矛盾和空间多元化的地方(由国家权力、市场动态和私人威权主义等构成并被它们隔离),这里的中心性和外围性是正在进行的城市化的辩证法中一个连续统一体上相对立的价值。

我在这本书中遵循阿纳尼娅·罗伊(Ananya Roy)的建议,以一种四维的方式看待城市主义。第一,“城市主义指晚期资本主义的地域循环”(2011:8)。在我们的分析中,在生活方式选择和消费特权被看成是城市化驱动力的环境里,赋予土地生产的政治经济特权是一种关键论断。第二,我们承认尽管资本趋向于按照自己的形象构建城市,它却无法随意地构建城市。相反,“城市主义显示出城市空间上的一系列社会斗争”。这里我们要说的是城市的权利,或者如我们将要看见的,郊区的权利。第三,我们可以把城市主义作为“一种正式建构的对象,一种通过我们称为规划的公共运作方式产生的对象”来讨论。虽然这本书本身不是关于规划的,但它还是包括对围绕城市空间生产制定规则的国家行动、协作努力和竞争过程的认识。第四点,也是最后一点,罗伊认为“全球城市主义不可避免”(2011:9),这也是贯穿本书的主题。

将郊区主义看成是全球现象创造了一种令人不安的感觉,因此我们有必要走出区域和城市中国家的安全空间和已知的城市化轨迹,还有必要走出实证主义认为的线性城市增长(和衰败)的安全区。我们跟随罗伊,在已有的城市“不可知性”这一术语上再增加了“不可想象的空间”。罗伊借用德里克·格雷戈里(Derek Gregory)的思想,把这个空间描述成“看似未经规划,看似无可辨认,其特征是不可想象的碎片和非同寻常的暴力……这可说明 21 世纪最流行的城市,进而说明人类的状况”(2011:9)。

罗伊在她的分析里还运用了另外一个有效术语,该术语成为理解今天城市化进程的重要研究概念。这一概念就是“世界化”。

她观察到并非所有城市都跟随预先决定的并已经宣布结果的路径:“与此相反,世界化这一理念寻求修复和重建大量运用于全世界城市尺度上的全球战略。”(2011:9)

接下来的章节以各种理论和实证为镜头,就全球郊区化展开讨论。第二至四章是关于如何解释郊区化、如何建立郊区化的理论和如何进行郊区化研究。第五章和第六章考察了传统郊区不断变化的构成以及全世界郊区的扩散。第七章讨论郊区基础设施。第八章以密度、边界和人类世为透镜,探究郊区政治实体。最后一章以关于政治性郊区的讨论作为全书的结尾。

第二章 阐释郊区化

郊区常常被看成住宅飞地，传统上被认为是中产阶级和消费主义住宅区，与充满多样性和矛盾的中心城市的复杂性形成鲜明对比。郊区这一常见形象经常出现在很多关于城市外围发展的文献中。在郊区研究的一本权威著作中，理查德·哈里斯(Richard Harris)和莱克哈姆(Larkham)给郊区下的定义是：在位置上与中心相对的外围地区，是低密度、有独特生活方式和市政自治的住宅地区(1999:8)。正如尼克·菲尔普斯(Nick Phelps)所指出的那样，鉴于“城市地区的向外扩张使得城市和郊区之间的差异十分模糊”(2012:259)，上述定义是站不住脚的。尤其是对郊区的居住性质及其低密度形态的关注应该受到质疑。罗伯特·刘易斯(Robert Lewis)指出了郊区研究中的偏见，这种偏见导致了有关郊区化的特定观点：郊区是中产阶级的居住环境，它接近自然或者处于自然中，常常有绿树成荫的街道系统，其内部定位是私人消费，外部联系则依赖较高水平的交通(运输和高速公路)，这样的交通连接了劳动力市场、市中心的文化和教育设施以及延伸的移动网络节点上的亚中心商业体(如购物中心、娱乐城等)(2004b:3)。在很大程度上,在书写北美洲的郊区化历史时,一个明确的重点是郊区住宅空间的作用。这些文献大多采用事后描述的方式来描写北美洲一个世纪以来郊区化的过程及结果,而较少采用分析和解释的方式。那么,郊区化为什么发生或者是怎样发生的?我们需要了解的是什么?

刘易斯本人对我们可能研究的方向提出某种见解:我们可以在受马克思主义影响的有关都市增长的文献中发现阐释郊区化——不论是住宅郊区化还是工业郊区化——的一种一以贯之的方法(2004b)。例如,理查德·沃克(Richard Walker)十分明确地将郊区化与资本主义城市的积累周期联系起来,并认为投资的外围化是危机和生产过剩周期的"郊区解决方案"(1981),是一种资本转换形式。根据这一理论,郊区化是一种特定的"空间修复",它既可以为城市外围建成环境的资本投资提供短期的喘息空间,也可以为一种郊区景观提供长期的周期性实际投资,这一景观渴望来自二战后福特式装配线上的商品和其他物资。经常被忽略的工业郊区则还增加了一个内在的,并非经济的但却是政治的理由:"城市形态以及工业和住宅郊区化的变化由阶级冲突构成,也成为解决资本主义内在矛盾的方法。例如,开发区由工业活动的去中心化来定义,这是因为资本家在发生工人骚乱的中心城市之外寻求地点建立工厂。"(Lewis,2004b:5)迄今为止,作为相互冲突和矛盾的资本都市化的一部分,这种郊区化分析对于大多数郊区化研究文献至关重要。该分析避免了有关郊区化的标准文献中的两个重大缺陷:(1) 这种分析把郊区看成资本的产物,而不是个体的市场选择;(2) 它并未将郊区视作一个远离城市边界的理想化的隔离空间，而是将它看成是过去漫长的一个世纪以来城市化和都市化进程中的内在组成部分。

应当特别强调的一点是，随着时间的推移，郊区研究对住宅选择而非工业规划的关注，已经扭转了学术界和公众舆论对郊区的看法。工业郊区本质上是住宅的外围地带，但并不是后来才出现的（Walker and Lewis，2001）。恰恰与此相反，自 19 世纪早期城市扩张以来，工业化和郊区化一直紧密相关。在地理经济集聚、（城市）郊区土地和公共政策的政治经济共同作用下，工业郊区化已成为一个半世纪以来都市化的主要趋势之一（Harris，1996）。对沃克和刘易斯而言，这一看法并不仅仅标志了一系列不同于传统上被认为理所当然的历史事实，他们还为重新评估郊区乃至整个城市理论提供了一定的基础（Walker and Lewis，2007：7）。

住宅和工业郊区化在传统上曾经被认为是从属于城市化过程的，但现在其重要性日益凸显，且比过去任何时期都更能体现社会和城市的特征。于是，我们看到这本书反复出现的一个中心主题：长期的并且近来不断加速的城市/郊区化的辩证法，是一个老生常谈的故事，是有关失去（中心、城市自身和未来等）的故事。亨利·列斐伏尔临终时的一个著名论断是："曾经有一段时间，城市中心是活跃而多产的，因而它们是属于工人（平民，populaire）的。"[①]更进一步说，这个时代的城市主要通过中心而运行。这种城市形式的转型始于 19 世纪末期，其结果是所有被认为活跃并富有生产力的人口被驱逐到地理位置更加偏远的郊区。这一点可以归咎于统治

① 最初的法语表述有细微但却是极其重要的不同之处，原因在于它没有使用动词"属于"，另外使用了"平民"，而非"工人"一词（这在法语中十分普遍）："Il y eut une époque ou le centre des villes était actif et productif，donc populaire."（Lefebvre，1989）

阶级，但它只是巧妙地利用城市趋势和生产关系的要求。城市核心区还能保留工厂和污染产业吗？(Lefebvre,2014［1989］:203—205)

当然，近年来人们从不同方面对中心的经济展开想象。经济地理学家和公众极为关注的是所谓的经济创意部门，尤其是文化产业，而不是昔日的“污染产业”。在很大程度上，文化产业和创意部门的优先地位源于人们重新发现了位于中心的城市是一个富有生产力的场所：一直以来，密集的内城被视为千禧一代自然的栖息之处和工作场所，这一代人背离了其父母和祖父母的郊区职业和居住选择。最近，简·雅各布斯(Jane Jacobs)作品中对城市的偏向(1969)掀起一股经济写作的热潮，理查德·佛罗里达(Richard Florida)有关“创意阶层”的著作(2002)受到的追捧，都造成一种择优观点：市中心空间是属于专业人才的地方，这些人才被认为是重组的资本主义城市经济的推动者。正如菲尔普斯(2012)指出的一样，这里值得注意的是，在此计划中，郊区主要被视为“亚创意”的地方，这里没有创新和生产力(以及创意)(参见 Lawton et al.,2013)。这种视角引发了一种普遍的共同观点，即郊区从来不是，现在也不是创新和创意的场所。菲尔普斯的批评将“各种各样的(创造性或非创造性)郊区经济置于一个复杂而且不断发展和扩展的都市经济的大背景下”(2012:268)。这将郊区从空间经济想象的边缘释放出来①。

批判性城市研究必须开始注意城市外围的重要性，这是因为当今社会和城市生活特有的许多摩擦点和冲突点未来会出现在城

① 除此之外，吉布森等人(Gibson et al.,2012)也指出，创造力不应该被看成一种分布均匀的品质，而应该被看作“遍布整个城市，处于相关位置并相互联系”(2012:287)的品质。部分这样的相关景观可以是“拥有文化历史的海滨郊区”(2012:287)，拥有“去中心化的”小规模文化基础设施的地方……它们受到高度重视并在激发活力和创造力方面发挥重要作用(2012:299)。也请参见 Flew et al.,2012。

市化进程的前沿。在大都市的边缘，而不是在日渐统一和规范的内城，涌现出新的城市形态和生活方式。这些预示着我们在整个21世纪的生存，并具有一定的指导作用。强调关注郊区生活方式和郊区化过程，并不代表我们认可对于生活在郊区的人和他们的生活方式及其所预示的未来，郊区这一地方是产生和维系它们的机制。我们需要认识到，郊区处于城市化的空间边缘，在大都市、中等城市甚至乡村城镇日益不统一的郊区，将会上演很多“城市世纪”大戏。亨利·列斐伏尔在19世纪60年代预测的“城市革命”今天得以在城市的外围地区实现。列斐伏尔说道：“城市明确其在场，并发生了崩裂。”(2003:108)因此，除集中化之外，郊区化成为城市社会的基本支柱之一，也成为列斐伏尔所谓的“城市现象的全域性质”的支柱之一(2003:113)。

列斐伏尔预测的今天城市社会的实现，不再被认为是关于郊区不足的经典表述。郊区并非正在迎头赶上城市，而是决定着今天城市化的速度和方向。城市革命不仅仅是从外围回归到核心，而是向整个城市社会开放城市。这意味着通过城市爆炸形成的迄今未知的维度，城市承诺业已完全实现，城市生活形式已经完全浸透社会的方方面面。

在某些方面，城市化的历史一直就是郊区化历史。历史悠久的城市的核心从宗教—国家—商业—住宅中心向外扩张，在更广泛的意义上，城市的扩展一直被赋予空间和功能扩散的特征。在现代时期，古代和欧洲中世纪的“旧城”被拆除后，城市扩大到城墙之外。在此意义上，郊区化成为整体城市化的基本原则。如果不是通过城市边缘新土地上的聚落，我们很难想象历经数千年的城市化会是什么样。当然，“新”土地，实际上并不新。它一直存在于此，也不是空白之地。很多情况下，郊区土地一直用于农业耕作，其被耕作的时间与其环绕的城市存在的时间一样长。在现代移民社会,如美洲或澳洲(Johnson,2013;2014),土地具有殖民前的土著使用历史,这些土地利用本质上可能不是城市用地,甚至也不是农业用地,但可能使用时间更短暂,这使得土地很难成为有待城市化的"新"土地或者"空白之地"(C. Harris,2004;Jacobs,1996;Veracini,2011)。

但是,土地必须被制造,必须被生产,特别是在现代资本主义时期,这是一个由正式和非正式的土地市场构成并由国家(或多或少强制)指导的过程,在这个意义上,土地是"新的"。在金融化时代,土地游戏的参与者形形色色,从个人家庭到全球公司。"兼具过渡性和暂时性"(R. Harris,2013)的郊区土地,同时也是土地市场参与者活动的产物和前提条件。首先,土地必须被生产——常见的方式是通过将农村土地转变为城市土地,然后再以形式、功能和用途的多样性过程为基础进行土地生产(Lehrer,Harris and Bloch,2015;Haila,2015)。在很大程度上,土地市场的扩张等同于城市及其郊区的增长,我们看到,无论是19世纪欧洲的工业城市、20世纪美国的大都市,还是21世纪非洲或亚洲城市外围的扩张,情况都是如此。

而这种增长并非"价值中性"。它总是与推动郊区化的特定人群和过程相关(Logan and Molotch,1987)。过去,驱逐和排斥的过程常常导致郊区化。乔恩·蒂福德(Jon Teaford)提醒我们注意,曾经被排挤到城市外围甚至更远的地方的主要是不受欢迎的功能、人和活动:"庞大的禽畜养殖场和砖场以及有害的屠宰场被迫在城市边缘运营。在前现代时期,又加入了妓女和无证经营的小商小贩的不道德或非法活动,他们被驱逐出修有围墙的核心区。"(2011:15)所有那些不被需要,并沉积在城市外围的用途仍然是今天后郊区景观的特征：不论是今天现代郊区的“性景观”(Maginn and Steinmetz，2015)还是“夹缝城市”里的角角落落，都充斥着爆炸性的、不健康的、被抛弃的和不堪入目的用途(Keil and Young，2009)。

在社会光谱的另一端，为了逃避大家认为的密集城市生活的负面影响，富裕的达官贵人和中产阶级至少会有一段时间在乡间度过。城市被怀疑是各种弊端和社会动荡的天然家园，而农村则被理想化为纯粹的田园风光。城市精英们暂时搬离城市并迁移到郊区，但是这并不妨碍他们继续保持对城市中心的象征空间和物质空间的控制——他们通过持续的绅士化过程和象征性地占有巨型项目、滨水区改造、景观等等来扩大对城市的控制权。

19世纪和20世纪早期，在城市逐渐衰落的历史中，郊区化的重要性日益凸显。从必要的扩张发展到有计划地创造一种新颖的城市形态，这种形态并未表现为传统的特权概念，就像乡村贵族的宅邸一样；也未表现为排斥，就像早期现代城市的贫民窟一样。因而郊区化就是在以前未知尺度上进行的资本再生产的一部分。在20世纪的大部分时间里，空间的产生和资本的积累合二为一并融为一体。美国特定的发展形式为这种推动设定了节奏并创造了想象。在英美国家——英国，资本主义移民国家——澳大利亚、加拿大、美国，以及南非的部分区域，涌现出典型的郊区化形式。与其他任何地方相比，这些地方的郊区建设是更有助于解决资本主义生产过剩危机的“郊区解决方案”：大规模修建单户独栋住宅及与其相连的购物中心，以创建一个理想的平台，使资本从(供过于求的)生产部门转向社会消费(Walker，1981)。郊区化为第二次世界大战后的消费社会创造了环境。除了自行生产空间外，它还提供了无限机遇，创造了福特时代消费者对居家用品、汽车、电子产品和其他商品的需求。郊区化这一特定的历史形式是在后来才得到定义的，它不仅对世界范围内的郊区及其生活方式的形式和关系至关重要，也对传统上城市研究自身如何看待这些过程具有重要意义。在美国，郊区化的历史形式主要与三个重要的动态有关：

房屋所有权。在英美社会，更明显的是在“新世界”里移民的民主国家，房产，尤其是郊区房产，成为挣脱欧洲的地位和阶级枷锁的象征，也成为个人自决和文化自治的象征。在国家政策和市场机构的支持下，对房屋所有权的文化偏好是房产开发（以及辅助的商业和工业发展）在空间建构上的重要标志。郊区化已经成为房屋所有权的重要表达方式。住宅郊区也是住宅所有者的郊区。除了房屋形式之外，土地和房产的私有产权也是英美地区郊区化推动力的特征。房屋是属于人的，土地也一样，不论这些建筑是通过住宅区和大规模生产的正式调控过程建造还是通过更为非正式（“无计划”）的收购过程和人力资本获得（Harris，1996）。与“讨厌的房客”和“不稳定的租客”相对立的是，单户独栋住宅的所有权被认为是具有巨大附加效益价值的社会目标。隐私同时被视为社会的黏合剂和对家庭的保护。理查德·哈里斯指出：“在多伦多和整个北美大陆，几乎每个人都认为房屋所有权是一件好事。他们相信，这增强了家庭的独立性、鼓励勤俭节约并减少对公共资金的需求。”（1996：97）然而必须着重指出的是房屋所有权对工人和移民的约束作用。

尽管住房及其所有权是社会稳定的因素，也是整体上保守的城市生活方式的支撑，但是在需要的时候，它通常还象征着自由的汽车成为提供出行的连接器，它的重要性甚至也许会超过房屋所有权。众所周知，虽然常见的美国形式的郊区化是铁路基础设施驱动的土地投机的直接结果，带来的是“街道电车郊区”，也许最典型的案例就是洛杉矶(Warner,1978),但是私人汽车最终还是成为郊区住宅与20世纪中叶新兴的凯恩斯-福特主义经济的生产和消费中心之间缺失的重要一环(Poitras,2011)。综合起来,这些发展的结果形成了哈里斯所谓的“三个北美郊区的刻板印象”(2014):对隐私的理想追求、与郊区理想的契合以及研究人员对郊区的普遍担忧(参见 Fiedler and Addie,2008)。但是,毫无疑问,即使是北美的理想案例,也确实存在多样性和独特的时期,而这些往往被郊区的辩护者和批评者所忽视(Lang,LeFurgy and Nelson,2006)。

尽管如此,20世纪很多国家的郊区化过程中房屋所有权并非必要条件,有些国家(如德国和瑞士)房屋所有权率较低,而有些国家(1945年后的东方集团国家)的规则甚至是没有所有权;但在其他一些国家,国家和市场对房屋所有权的联合支持(土地和抵押贷款市场、税收优惠)为郊区房屋所有权创造了完美条件,使其成为郊区模式的核心,我们也看到了这一典型现象(Phillips,2014)。在像英国这样的国家,长期以来人们对房屋所有权的偏好一直存在,高租金率持续到20世纪80年代玛格丽特·撒切尔的政策出现重大变化的时候,支持私有化导致住房拥有率急剧上升,随后的郊区化以半农村地区的单户独栋住宅形式出现。2008年的金融危机也彻底改变了房屋所有权的动态,因为一些房屋所有权和郊区化增长率最高的国家(例如西班牙、希腊和爱尔兰),也变成了房地产市场萎靡不振的重点地区,自那以后,这些国家的经济陷入瘫痪之中(Heeg,2017)。

在欧洲,几代人以来,进步的中产阶级把城市的租赁房屋看成是有别于落后、狭隘和与农业根源相关的农村房屋所有权传统的理想距离,相比之下,移民社会中的郊区房屋所有权,却是区别于不断涌入充满就业机会和吸纳移民的机构的城市中心的新一波移民的标志。郊区房屋所有权是成功落脚某地的最显而易见的象征。廉价土地和能源以及金融机构为它创造了条件。这些机构支持人们购买一些大规模修建的平房，这些平房价格适中，常位于城市外围的绿色田地上。这就是“推动直到你符合条件”买得起房子公式的诞生，人们通常认为它是城市蔓延奇迹的开端。

尽管按照这个公式，一波又一波的外来族裔移民为了享有郊区生活和房屋所有权而离开内城的贫民窟，但是美国按种族划分的房产市场尤其具有让非裔美国人留在城市核心区“隔都”[①]的效果。矛盾的是，所谓的“白人群飞”郊区（确切地说是混合了更多人种的郊区），使得内城的非裔美国人以更快的速度成为拥有房产的人。一些经济学家认为，当白人搬到城市外围地区时，都市里黑人的住房拥有率急剧上升：1940—1980 年之间，这一比率上升了 27%（Boustan and Margo，2013）。

工业化。郊区化作为城市空间的组织原则，不仅关系到逃离城市的城市中产阶级的特权社区，还关系到商业和工业的土地利用。从这个意义上说，典型的郊区作用就是为城市某些功能的重新定位（或新的选址）提供场地。反城市趋势不仅体现在移民国家居民人口的特征上（毫无疑问，与其说是与生俱来的偏好，还不如说这种偏好是后期产生的），也体现在像亨利・福特这样的工业先驱的思想意识特征上，他有意识地在底特律郊区建立了著名的福特生产流水线。郊区工业区和大都市劳动力市场、资本主义战略、部门需求和各种其他因素在整体上影响着“多模态”郊区化区域的

① “隔都”是“the ghetto”的音译，原指犹太人聚居区，现代词义是市区中少数民族的聚集区。彼得・马尔库塞（Peter Marcuse）认为隔都是“被动的空间隔离的结果”。——译者注

具体区位组合。对于这一切，产业的区位和组合是关键(Walker and Lewis，2001：9)。

住宅生产本身的大规模化和出行网络的扩张与工业化密切相关。例如，波美-斯诺(Baum-Snow)表明，“1950—1990 年期间，城市交通基础设施创新在影响美国都市地区人口空间分布变化方面发挥了关键作用”(2007：776)。内城区大量人口流失可以归因于州际高速公路的建设，这些高速公路既破坏了现有社区，也使得人口迁移到城市外围地区。与修建高速铁路之前的时期相比，城市丧失了高达 18%的人口，但是如果没有修建公路交通网络，内城同期人口实际上可能增加 8%(Baum-Snow，2007)。

驱逐人口。历史上郊区化总是与驱逐人口联系在一起。这一动态的经典实例源于 19 世纪，当时豪斯曼男爵受命于国王路易斯·波拿巴，对中世纪的巴黎实施彻底的现代化改造：“他按照计划摧毁了巴黎的老建筑，将无产阶级驱赶到城市外围地区，同时创建郊区和居住地，引起绅士化、人口减少和城市中心的衰退。”(Lefebvre，2003：109)

这里的核心思想，即将无产阶级向外赶出城市中心，已经成为尼尔·史密斯(Neil Smith)所说的“作为全球战略的绅士化”(2002)的主要内容。实际上，在世界上的每一个地方，在伊斯坦布尔、巴黎、孟买、上海、约翰内斯堡、多伦多、墨西哥或悉尼这些各不相同的地方，贫穷人口都被排挤出重建的城市中心，进入新建或重建的内城和外围地区。

逃离城市的概念在郊区化史学中具有特别重要的意义。它表明 P. D. 史密斯(P.D.Smith)很好地捕捉到的一种基本趋势：“郊区提供了一个安全的避风港，一个资产阶级的乌托邦，其半农村的地理位置使得一种轻松的户外生活方式成为可能，这种生活方式肯定了被认为是美国社会核心的价值观，比如家庭的神圣性和财产所有权。”(2012：145)这也使得有关郊区化的争论一直持续到现在，在这样的背景下，美国案例显示出一种历史的特殊性。所谓的逃往郊区常常被渲染上一层浓烈的种族化色彩，或者甚至被种族主义的色调所覆盖。郊区化讨论也常常与“白人逃离城市”联系在一起，那是处于社会所有阶层的白人刻意而有计划地与越来越集中(和隔离)于美国内城的非裔美国人保持距离。尽管在郊区化背景下，白人特权的特定表现是美国特有的，但是郊区化作为一种在社会-空间中保持距离的策略，却是一种普遍现象。尤其是在当今私有化郊区发展的时代，所谓的“门禁社区”，即城市外围私人住宅空间的社会隔离，越来越成为郊区现实的普遍体验和常见表现形式。

批判性地阐释郊区化

传统上，批判性城市研究，特别是在马克思主义和女权主义学者中，历来对郊区化持怀疑态度。人们普遍(也常常是合理)地认为郊区是政治和社会反应的堡垒(参见 Harvey，2013)，这一观点带来的后果是批判性研究长期以来对郊区化的忽视和讽刺。然而有趣的是，列斐伏尔在 20 世纪 60 年代末提出“城市的权利”这一口号，原因在于他感受到巴黎外围地区城市的不足。为此，当战后岁月里“无尽的繁荣”危机在 20 世纪 70 年代袭击城市时，郊区呈现了福特资本主义生存的关键问题。

欧洲郊区化的经历截然不同，不仅包括中产阶级进入位于城市边缘的单户独栋住宅区，而且也包括工人阶级大规模转移到位于“绿色”外围地区的大型住宅区。这种情况主要发生在西方的福特主义核心国家，如英国、法国和西德，但是却更大规模地出现在现有社会主义国家，在这些国家，数以千万计的住房单元（以及大量工厂）修建在城市扩展出去的外围地区。1950 年至 1990 年期间，欧洲社会主义国家“地区的城市人口几乎翻了一番，其占比从 38.3%增加到 66.5%”（Stanilov and Sykora，2014b：3—4）。虽然东方集团国家缺乏低密度的去中心化郊区化，但其外围住宅区“很少位于与建设得很紧凑的城市地区距离很远的地方。在规划时，这些住宅区就是社会主义城市不可分割的一部分，它们通过公共交通基础设施、工业区和服务节点在功能上与城市融为一体”（Stanilov and Sykora，2014b：6）。20 世纪下半叶，在大多数东欧城市，超过一半的人口居住在预先建造的大型住宅小区（Hirt，2012：35），它们大多位于清晰界定的城市外围地区，这些地区是密集而宽敞的城市/郊区扩展，比如新贝尔格莱德或布拉格的南城（Logan，即将出版）。这些东欧城市在许多方面不同于西欧的同类城市（Hirt，2012：34—36；Stanilov and Sykora，2014a），它们代表了城市形态和功能的大规模扩张，这种扩张超越了欧洲城市的经典足迹。

这个时代的流行语包括新城镇、卫星城和“特拉贝特”聚落，这些聚落将为福特主义（和社会主义）时期蔓延的大都市区域提供结构和形态。它们依据先前花园城市和绿地的传统而建，如 20 世纪 20 年代新法兰克福的经济适用住房计划，那时候建设的住宅小区就像一串串围绕在德国城市周围的珍珠项链一样。在维也纳，城市边缘的突出特点是卡尔·马克思大院。在苏黎世，厄利孔的施瓦曼尼亚和机场之间的中层酒吧和塔楼、千篇一律的工厂和办公园区增加了大量出租屋（现在仍然如此），吸纳了城市的溢出人口，也接收了越来越多迁往城市的国际移民和难民。

北美洲的郊区化大多是私有化形式（尽管通过税收和国家其他激励措施进行补贴），与此形成鲜明对比的是，在欧洲福特主义盛行时期，郊区住房通常由公共或合作开发管理公司生产。然而，我们必须记住：德国的储蓄和贷款行业制度对郊区的单户独栋住房形式的扩散做出了重大的思想和物质贡献。这对德国的中庸传统产生了很大影响，使得财产所有权在德国与在美国一样，具有同样重要的意义。

21 世纪早期，就像在欧洲东部一样，随着规划师和开发者的规范性关注开始酝酿新的时髦字眼，如再城市化、新城市主义和创意城市，西方国家的房地产成为新的城市危机的焦点。一些国家，例如加拿大，已经开始发展混合形式的郊区化。在这些地方，北美风格的单户独栋住宅正如麦浪一般席卷着肥沃的农田，而欧洲风格的高层建筑型街区却建在城市外围地区（Charmes and Keil, 2015）。

结构性危机和作为城市化一般形式的郊区化的实施

20 世纪 70 年代以后，西方资本主义对结构性危机做出的反应是，对空间和城市发展进行根本性的重新评估。在苏联势力范围之内的国家，1989 年之后，涡轮式私有化过程启动，迫使原是城市化发展进程中一员的国家退出了这个舞台（东德因其资金雄厚的东德城市改造计划而得以幸免）。城市规划的自由化和放松监管导致传统城市核心之外的蔓延和侵蚀，以及在城市外围地区修建高层住宅的现象（Hirt, 2012; Stanilov and Sykora, 2014a; Szirmai, 2011）。在全球南方国家，最早是拉丁美洲，最近则是整个亚洲和非洲，20 世纪中叶以来，由农村向城市的迁移使得城市化得以发生。大多数城市新来者都迁往非正规的城市外围，他们往往定居在自建的棚户区(Caldeira,2016)。这种从农村向城市迁移的目的地被称为落脚城市(Saunders,2011)。在土耳其、中国和印度的大都市区域，大型高层建筑型街区环绕城市中心而建，这些城市中心几乎已经成为中产阶级专有的住宅区。在那些地方，还有巴西、南非和发展中世界的其他地方，以高层为主的成批建造的综合性住宅，正横七竖八地坐落在主要城市的外围绿色田野上，有时甚至就在海边或者填海土地上，就如一些与阿姆斯特丹和香港完全不一样的地方(尽管最富裕和最贫困地区之间常常直接相邻，比如里约热内卢的贫民窟)。这种主要的外围城市化很大一部分发生在门禁社区(Bloch, 2015; Gururani and Kose, 2015; Mabin, 2013)。

以下三个过程相互交织，促成并进一步加深了郊区化，这些过程也使郊区成为当今时代的梦幻景象：

后福特主义。紧随福特主义危机之后的时期，人们更多关注的是随处可见的社会空间结构的快速转型。自 20 世纪 30 年代《雅典宪章》颁布之后就一直主导城市发展的传统的功能划分，被灵活的空间形式取代了。当城市中心和外围都开始变化的时候，混合使用成为新规范的理想。比规范理想更重要的是：后福特主义的核心产业中出现了迁入外围商业区的趋势，在这些外围地区，产业无须面对污染的场地，还有廉价的土地；不存在传统的工会组织；尤其是这里还有新即时制经济需要的相关基础设施。新的城市远郊，特别是围绕主要机场开发的远郊，比起老的内城区能更好地为这种经济服务(Addie,2014)。

全球化。尽管批判性城市研究的全球化讨论已经聚焦于全球城市及其中心，但城市外围却成为全球经济和文化表现的实际舞台。全球城市深入农村，远离金融产业和先进生产服务业的指挥中心，但却向国际化全球经济的其他重要节点蓬勃发展。在几乎所有那个时期的大都市区域，远郊的机场及其周围区域成为经济活动的中心和全球化世界的中继站。除此以外，在很多城市区域，郊区已经变成吸引移民的磁铁，形成所谓的族裔郊区。

新自由化。伴随后福特主义经济的发展和全球化的深入，同时与二者深深交织在一起的是世界范围内的资本主义正经历的新自由化过程。在这样一个时期，经济决策私有化和责任被置于共同解决方案之上，这证明郊区化是一个全面重构社会和经济关系的理想领域。其产物是一个尤为“庸俗的”城市发展形式，它拥有可以在人们眼前炫耀的财富，表现为超大的房子和戒备森严的安全区（Knox，2008；Peck，2015a）。

现在郊区城市景观无所不在，导致了对城市形态和过程进行整体上的重新评价。汤姆·西弗茨（Tom Sieverts）1997 年出版的《没有城市的城市》（*Zwischenstadt*），成为欧洲城市观点的重要转折点，其英文版于 2003 年出版，该书突出了多层次切分和不再是中心的郊区化景观的结构。国际上，“后郊区化”——这一术语试图表明，历史上的郊区现在已经进入一个复杂的再生和城市化进程——成为有关新都市区域讨论的关键词（Charmes and Keil，2015；Phelps and Wu，2011；Phelps，2015）。

这些内部相互重叠的过程为城市区域治理问题和郊区政治的基本讨论提供了机会。郊区化自身最初就引发了区域政治的必要性，因为现有的中心和新的郊区不得不调整相互之间的关系。郊区化还促成一种新型区域政治，在一个以“监控、分散和消费的横向战略”为特征的世界，这种政治得以重新定位（Quinby，2011：139）。然而，这种政治不再仅仅维持现状，在传统等级制度和城市领域限制之外，它还提供了新的解放性政治机制。

最后，郊区化让人们认识到21世纪真实存在的城市化进程，进而认识到“城市社会”的出现(Lefebve,2003)。因而政治未必来自于中心，它越来越多地来自于外围的愿望和后郊区城市的极度混乱。郊区化自身表现为许多种类繁多的都市问题：通勤时间长、公共服务不足、暴力、就业不足和失业、多元文化摩擦和团结、学校和教育政策、环境和文化问题等。最终，郊区化以其多样性向人们表明，它就是一面放大镜，通过这面镜子，而不是绅士化的内城单一文化的狭隘视野，我们更能够看清楚“城市世纪”。

第三章　郊区理论

在阐释了郊区化和郊区主义在其历史和地理多样性中的一些主要原则之后，我们现在转向作为批判理论对象的郊区化和郊区主义。传统上，城市理论运用自内向外的方法理解城市。本章将有意识地颠覆这一传统，并试图挑战、颠覆，最终提议摒弃城市理论中的中心主义偏见，然后引入一种新方法，在总体城市化进程的背景下看待我们所说的“郊区”。

进入城市世纪大约20年，两代人已意识到我们正进入星球城市化状态之后，主流观察家和城市研究专业的学生开始彻底了解未来城市建设的复杂性。现在引人注目的是，这个城市社会与自19世纪以来我们脑海中的旧城市形象几乎没有相似之处。在那个时候，巴黎、伦敦、芝加哥或曼彻斯特给我们提供了可借鉴的城市模型。如果还有什么不同的话，那就是我们现在已经进入郊区世纪，或者说得更好听一点，后郊区世纪，外围增长成为常态，但是这种增长与20世纪下半叶我们在北美、澳大利亚和欧洲遭遇到的郊区化却大相径庭。这是一个城市外围的时代。

21世纪，在人类的聚落方面，我们将看见大部分聚落会出现在一些并非传统上认为可以建设城市和建构城市理论的地方，这也许是最重要的一点。非中心的世界化实践现在把战略性郊区化包括在内，使其成为全球南方国家相互参照的多重对话的一部分(Roy，2011；2015)。

我没有将基于城市中心和密度的城市理论理想化(如同很多简·雅各布斯之后的城市思想一样)，与简单地尝试将郊区生活等同于人类自由(这与美国自由主义者如出一辙)形成对比的是，我赞成以真实存在的后郊区为基础建立城市理论，因为后郊区是21世纪的大多数人终生生活、工作和娱乐的地方。

有趣的是，批判性城市学家将很多思考(如果不是创建新的城市/郊区形态的理论)留给那些不是城市思想家的人们。科学新闻杂志 *Undark* 上登载了一篇关于生物学家凯伦·濑户(Karen Seto)[①]作品的文章，我们从中知道郊区是一个别有深意的术语：

> "在不丹、尼泊尔甚至印度，郊区并没有什么实际意义"，濑户说。我们用于描述城市形态的典型词语是城市、特大城市、郊区、远郊、贫民窟，这些词语无法反映新的城市增长的多样性。她说："有一点很清楚，那就是我们需要一种有关不同种类的城市生活和城市生态系统的语言以及对它们更精细的划分。"(Humphreys，2016)

---

① 经查证，凯伦·濑户(Karen Seto)是耶鲁大学环境学教授，其研究领域涵盖当代城市化和全球环境变化。她对城市化与土地利用、粮食系统、生物多样性和气候变化之间的联系有深刻的见解。在此意义上，濑户既是一位生物学家，也是一位城市学家。——译者注

濒户的科学方法使我们能够测量城市/郊区扩张。她能够看到问题,但是缺乏解决问题的工具。这正是我们迫切需要城市研究,尤其是城市理论的地方。

因此,现在是我们在郊区爆炸的基础之上,支持对城市理论进行修正的时候了。今天,我们正面临全球城市化的新现实,中心城市和边缘地区正在重新组合。在这个后郊区星球时期,新的形式在外围融合在一起;其结果是形成不同的郊区和不同的城市。简单地说,按照历史学家乔恩·蒂福德(Jon Teaford)的定义,全球后郊区化指的是无数种形式的"发展到极致的郊区化,两个世纪以来大都市人口持续不断分散的最终产物"(2011:33)(还可以加上经济活动)。在自外向内地建构城市理论方面,正如我们在本书前文所做的那样,我们从亨利·列斐伏尔那里得到启示,他认为"历史悠久的城市发生爆炸,正是我们发现更大的城市理论的时机,而不是放弃这个问题的借口"(Lefebvre and Ross,2015)。正如沃克斯(Walks)所说,对列斐伏尔而言,重要的是"在概念上,郊区是城市生活方式的延伸"(2013:7),但与此同时,由于郊区化作为一种大规模现象出现,它成为更加全面的新城市理论的基础,进而最终成为社会理论的基础。

因此,就像克劳斯·洛桑伯格(Klaus Ronneberger)在细读列斐伏尔关于中心性的作品时所指出的那样,列斐伏尔最终将城市化进程理解为在迥然相异的城市肌理中具有支离破碎的关系的多形态性,城市肌理同时表征为集中和分散的过程以及多变维度的中心和外围(2015:26)。理论上,无论是对于洛桑伯格还是列斐伏尔来说,城市都是一种意识形态化的观点,城市社会则是充满矛盾的空间,它需要理论解释和政治干预。这个城市空间既包括核心的内爆中心,也包括周边城市化的外爆矢量(Keil and

Ronneberger,1994)。然而,当我们将不相关联的类别的二分碎片进行辩证综合的时候,仍然有必要理解构成这个世界走向完全城市化这一整体动态的每一个过程中的优点。在这一动态中,郊区化的不同过程为全面迈向城市化世界做出了贡献。我们可以在治理、土地和基础设施的基础类别中理解这些过程,并在这些背景下进行实证研究,但是我们也需要将它们视为重要的理论元素。回到珍妮·罗宾逊(Jenny Robinson)的呼吁,即"需要考虑城市多样性对理论的影响"(2002:549),那么我们就可以注意到我们需要考虑郊区和郊区化的多样性对理论更加普遍的影响。

深入批判性郊区理论

批判性城市理论和研究如何受益于优先考虑外围地区的观点?反之,辩证方法又如何帮助我们在理论和实践中超越城市和郊区的分野?21 世纪第一个 10 年结束之际,一群学者聚集在约克大学城市研究所,有意识地把郊区化和郊区主义作为一项大型集体研究项目的重点。该项目力图将批判性理论思想应用于郊区化过程及城市外围的日常生活。尽管可以预期,今天这样一个项目将是跨学科和多方法的,其研究方法将是全球性的,而这是该项目特有的,也是批判性郊区研究做出的新尝试。预期的全球性将通过四个相关过程建立:(1) 最终由 50 名相关学者组成研究团队,该团队大致代表现有主要文献和世界范围内正在进行的有关外围城市化的研究工作;(2) 尽管我们的研究工作不可能涵括全球众多的郊区化和郊区主义案例,但我们仍将以不懈的努力,尽可能做到在地理上具有包容性;(3) 在选择研究的主题领域时,我们会考虑全球郊区化进程的相关性;(4) 最重要的是,我们保证在研究中不会将预先设定的“西方理论”运用到其他地方的多案例研究。相反，有关全球郊区主义的讨论将全球南方国家（以及其他下属的真实或想象的区域，如后社会主义国家）的城市化包括在内，这并不只是在现有的外围扩张的脚本中增加更多的实证案例。

我们研究的前提条件是，不假设趋同性和概念的普遍性。没有单一的全球郊区生活方式。这一项目在概念和伦理上挑战了这样的理念：北美经验给所有城市郊区化提供了一个模型；该项目将尽一切努力做到在实证研究方面更具有包容性。我们会继续探究郊区在过程、形式和功能上令人困惑和眼花缭乱的多样性（Keil and Hamel，2015：357）。这意味着城市叙事中地缘政治的去中心化。源自边缘和外围的新过程挑战了传统的外部依赖内部、郊区依赖城市的观念，并拓宽了我们对城市进程辩证法的理解。最后，郊区研究会对城市理论进行更彻底的理论反演：城市理论的架构正有待于来自欧洲和美洲之外的新兴地理区域的（城市）郊区性对其进行重建。

重建城市/郊区理论

学者和实践者开启这一旅程的方式是，有意识地致力于强化郊区化和郊区生活方式的话语建构。这依然具有挑战性。目前我们还满足于使用一些混合术语。我们中的一些人会使用“城市外围”这样的术语，其他人则接受更加复杂的概念，如没有城市的城市（夹缝城市）（借鉴了汤姆·西弗茨 2003 年的著作中的说法）或者后城市郊区化（尼克·菲尔普斯和吴缚龙[Fulong Wu]率先提出这一概念，2011）。在那些穿越郊区的重复性和归纳性的旅程中，学者们将在某一点遇到新的语言，它们足以描述并使得我们能够分析我们现在所居住的城市/郊区世界。郊区、郊区居民、郊区城市化和郊区主义本身就是一些醒目的术语，因为一提起它们，我们的脑海中马上就浮现出北美的中产阶级、白人、单户独栋住宅的外围聚落这些形象。理查德·哈里斯和夏洛蒂·沃尔姆斯(Charlotte Vorms)在他们编辑的一卷书籍中解决了这一难题，该书揭示和说明了在为世界范围内的位于农村而又远离核心的聚落命名时所表现出的巴比伦式多样性。他们将各种各样的郊区命名法分类编目，在命名全球郊区(或者产生郊区的过程以及带来的郊区生活方式)时所存在的固有困难正是源自这种多样性(2017)。由于英语是城市/郊区研究的通用语和默认语言，因而将不同国家话语的文献引入该领域就显得弥足重要。现在有必要将法语、西班牙语、巴西语/葡萄牙语、德语的郊区研究和城市理论传统、汉语传统以及东欧和西欧、印度、非洲、澳大利亚和拉丁美洲的思维和研究方式纳入其中。

但是这里争论的并不只是多变的不同用语，而是对城市生活的理解，这是由于城市生活是通过历史状态和市场监管而形成的。如阿纳尼娅·罗伊所指出的，所谓城市就是分化的历史地理问题，她要求我们要“精确地描述在国家和全球范围内，城市以高度不均衡的方式形成和消失的时刻”，在此范围内，城市，或者我还可以加上“郊区”，是一个治理分类范畴(在罗伊的案例中，她指的是城市和农村)(2016)。但是需要推动的不仅仅是对郊区的命名和分类，尽管这两项工作本身都极其重要——还包括自外向内地书写城市理论。

因此，概念、实际形式和过程的多样性产生的结果是这种多样性将直接或者以改头换面的方式融入理论上的“为什么”——诸如“为什么是现在的郊区”和“为什么是这种形态和形状的郊区”之类的问题。针对这些问题会出现大量解释，它们会更加清楚地告诉人们，我们所生活的世界是什么样的。展现全球各地的郊区化景观的规则，可以很好地标示出我们在哪里和我们是谁，恰如19世纪中叶曼彻斯特在弗里德里希·恩格斯的著名反思中的作用。类似的是，20世纪20年代和30年代，芝加哥这个城市对于同名研究派别的研究者们而言，就是一张屏幕；或者对于预测了完全不同的城市/郊区未来的洛杉矶城市学派而言，洛杉矶曾经一度就是一幅蓝图。这些因果关系，即这些“为什么”，通过多地点、多学科和多方法的比较实证研究和概念研究开始显现出来，并且形成理论性和概念性见解，从而指导该主题的进一步研究。

郊区爆炸之后的城市理论

正如近期分析观察到的全球南方以前的外围地区的“世界化”一样，我们也不能再忽视全球郊区在全球城市的知识领域的存在（Gururani，2013；Herzog，2015；Mabin，2013；Maher，2004；McGee，2013；Ortiga，2016；Robinson，2006；Roy，2009，2015；Roy and Ong，2011）。如前文所言，传统上，批判性城市研究对郊区化持怀疑态度。由于“现代郊区的本质是物理的、社会的和空间的分离”（King，2004：99），其分析可能并未概括地说明作为理论对象的城市。

今天的情况可能完全不一样。全球郊区或许较少停留在二元分裂，而更多是关于各种各样的互联互通，虽然“如同传统上实行隔离的城市，全球郊区的社会关系常常加剧了很多同样的不平等”（Maher，2004：804）。它们的表现方式不尽相同。郊区化曾经是一个制造距离（阶级、民族、种族等）的过程（同上）。现在这一过程产生了部分逆转，郊区化变成一个城市的冒险混合和重组过程，而城市（尽管它仍然作为一个可识别的单位存在）则成为少有的创造公寓居住形式的单一文化，这种文化在安全、乏味和可预测的环境里运作。

这是从卡斯特尔的"野性城市"向"野性郊区"的转变（Castells，1976），从列斐伏尔的"栖息地"向"世界的城市"的转变（Lefebvre，1996）。全球化郊区、全球郊区化和族裔郊区都是围绕我们城市的全球新集合，正如我们需要对它们做出的解释那样，在整体上形成一系列关于城市化的新见解（King，2004）。全球化郊区的爆炸式发展，重新组合了我们过去与尖桩篱笆之后的单户独栋住宅联系在一起的这些类别：房屋所有权、工业化和驱逐人口。某种程度上，全球化郊区是全球城市的附属物，虽然尚不清楚它是否具有类似大都市的影响力，或者它是否会"引发对物理和社会边界的焦虑"（Maher，2004：782）。无论如何，有证据表明，全球化郊区是以移民为基础的服务型经济体，将会带来重大的社会分层以及复杂多样的社会差异（Maher，2004）。

郊区使人们看到社区与土地之间的新型财产关系、工业化之外的城市化以及驱逐人口之外的飞地。在这种郊区形式和生活新频谱的一端，我们找到了重新定义郊区日常生活的机会（Drummond and Labbé，2013）。在这样的背景下，人们期望找到组织日常生活的方式，既不会发现自己陷入一成不变的停滞状态（如常常遭到讽刺的20世纪典型的通勤郊区），也不会想象要达到某一种城市理想，这种理想的灵感源自中世纪意大利城市、巴塞罗那、哥本哈根和纽约。这种发展大多有赖于新技术，还有外围社区迅速演变的复杂性，这些社区往往寻求超越盎格鲁-撒克逊传统社会模式的组织。在另一端，我们发现领域控制、军事国家、社会忽视和私人威权主义辩证法，介于新型贫穷与门禁社区的财富之间。在全球化郊区的多元世界，我们发现了一个消费水平景观（King，2004；Quinby，2011）。

郊区化不再是一种现有城市形态简单的同心圆式扩展，“扩展型城市化”带来许多难题（Lefebvre，2003）。在全球南方，多达 2/3 的区域人口居住在郊区地区，郊区发展的形态、构成甚至是概念比比皆是（McGee，2013；McGee，2015）。那些郊区场地将为大多数首次迁往城市的人口提供住房（Swilling，2016）。罗伊发现，“保值和贬值空间拼凑在一起，构成积累、资本主义扩张、绅士化和驱逐人口的不稳定前沿”（2015：342）。“城市外围地区”通常是高密度的，包括多种多样的形式和土地用途（Gururani，2013；Mabin，2013）。全球南方现有的和新兴的郊区化动态，让原本就如万花筒一般千变万化的全球郊区景观更加丰富多彩。不断涌现的各种郊区形态拥有足够的独特性和内生活动；世界不同地区的形态、生活方式和基础设施技术之间的区别十分模糊。

在一个郊区化无处不在的世界，我们可以对扩展型城市化和主要的城市化进行区分，前者是在高度城市化但人口发展停滞不前的工业化区域发生的城市化，后者则形成于高科技地区或资源型地区（石油郊区等）的郊区。主要的城市化形式多样，包括特权阶层的门禁社区和其他进出受限制的飞地；无家可归者的贫民窟及满怀希望者的棚户区；四处蔓延的单户独栋房屋住宅小区；高密度的塔楼街区；向生态敏感地区推进的新开发区；现有的而又不时被抛弃的，不被重视而又亟需更新和复苏的城市；再加上各种密度的住宅区以及集中了服务性基础设施和非理想土地用途的工业或商业区。

在这个过程中，历史上与郊区形态和生活相关联的土地用途、社会经济构成和社会自然关系中温和而明确的隔离，开始分解为更复杂的变量。因此，全球化的郊区表现为历史上不断发展的人文地理：人类的主要栖息地，不像城市世纪的大多数观察者所认为的那样，具有城市特征；更不像100年前人们居住的地方那样富有乡村气息。现在是我们应该面对后郊区星球出现的时候了，在地球上，现有的和新兴的外围城市化形式相互交织于复杂的城市模式中。

城市理论越来越多地从郊区化中学到的是，外围的形成如何有助于新中心的构建。一种简单化的观点认为，一个地域中心与未界定（并且不是非常重要）的外围是相互对立的，现在这种观点让位于具有多个中心和外围的多尺度中心-外围集合，这些集合维持着城市区域（Keil and Addie，2015）。全球郊区化迫使我们必须挑战那些看似真实的模式；也迫使我们在完全城市化的世界中改变研究郊区的方式。20世纪60年代，在回应情境主义者居伊·德波（Guy Debord）及其同僚的观点时，列斐伏尔以公然对抗的姿态呼吁，不要“放弃”城市和城市生活方式，它们是社会变革的舞台和途径。这显然是一种先见之明。列斐伏尔坚持把“城市”作为理论见解、革命潜力和社会转型的源泉，正如“城市”融入城市社会一样，这一思想性挑战被证明具有长久的意义（Lefebvre and Ross，2015：50）。

今天，重建城市理论的呼吁再次摆在我们面前。“爆炸”只是一个影响更为深远的完全城市化进程的开端，这一进程完全颠倒了地理上中心和外围的位置，并在城市区域各个部分之间建立新的关系。与最初的天体物理学爆炸隐喻相比，它指出了更深刻的众多（城市）星系纠缠不清的状况。

例如，现在我们已经在列斐伏尔的“小房子”和位于城市外围公园里的塔楼生活了两代人的时间。我们看见图书馆里满是有关各种社区的书籍，这些社区的街道绿树成荫，随处可见白色的尖桩篱笆；还有很多各种大大小小关于现代生活病理的作品。社会批判、政治批判以及现在的环境批判并未对单户独栋住宅郊区表现出友善的态度，但是这样的郊区仍然存在。我们经历了数次真实的或是思想上摧毁高层建筑型外围的现代梦想的浪潮，而中国、新加坡、越南、土耳其以及其他许多国家却正在继续以惊人的速度建设高层建筑型外围。我们也看到大量关于"贫民窟星球"未来的出版物(Davis，2006)。今天的郊区化使人们能够深入了解21世纪真正的现有城市化进程，从而深入了解"城市社会"的出现。

无可比拟的郊区

全球郊区主义成为对21世纪全球郊区化大规模扩散的理论和实证调查的计划性干预。这种对全球郊区化的重新评估不仅关注(城市)郊区形态，也将城市化的政治经济、外围空间的治理及支持当今全球城市郊区化的基础设施考虑在内。

郊区化没有目的论的含义。并非所有郊区都能发展为城市，从外围直达城市天堂的路线也并不存在，一些郊区径直走向后郊区地狱，其他郊区则继续为来自农村和其他城市的怀有抱负的城市人口提供了另一些可能性。今天的郊区诞生于一个后郊区世界。今天不可想象的是，郊区可以处于亘古不变的幸福的永恒状态(正如一些房屋所有者协会可能希望的那样)。相反，同样令人难以相信的是另一个极端：郊区只是未来城市的不成熟的少年阶段(正如一些信奉城市主义变革力量的人所认为的那样)。我们现在知道这两种选择都不太可能成为现实。我们还必须在我们的想象中摒弃这种二分法，在我们想象的一端是单户独栋住宅小区，而另一端则是塔楼住宅主宰的“恶地”。我们在“全球郊区”现实中的后郊区景观里发现的“夹缝城市”兼具上述两种现象的痕迹，而很少只具备单一文化的痕迹。最终，这意味着由全球城市郊区化推动的城市理论必然在本质上是可以比较的(Ni jman，2015；Peck，2015a，b)。只是现在这种比较越来越不会把北美城市郊区化作为其假定的衡量标准。我们现在所在的领域拥有快速移动的参照物，这些参照物与过去许多关于郊区和城市理论的假设并不一致。现在是我们跟(概念性的)尖桩篱笆说再见的时候了。

进入理论的郊区/城市世纪

很多学者支持列斐伏尔在20世纪60年代率先提出的理论，存在一个我们可以称之为“城市社会”的“虚拟对象”，在这个社会中，即使那些不具备明显的城市形态的地区也是“完全城市化”进程的一部分(2003)。对于列斐伏尔而言，城市社会的出现与一系列内爆和外爆的辩证过程有关。在这一学术传统中，对与内爆命题相对的外爆没有给予足够的重视。正如本书所做的那样，如果我们推论，今天的大多数城市化都是郊区化，城市生活方式因多种郊区生活方式而黯然失色，那么我们可能需要重新评估内爆-外爆的辩证逻辑：在核物理概念中，中心原点是完好无损的。今天，全球郊区主义普遍的水平化迫使我们至少在一定程度上重新思考城市研究的核心信念：我们需要摒弃城市理论的向心-离心导向(它只允许外爆是离开想象的中心的一种运动)，并且我们需要认真地把列斐伏尔的“虚拟对象”看作是后农业和后工业可能性的一般条件；把城市社会看作一系列多重中心，这些中心在地理上和功能上都与先前存在的传统核心没有关联。

通过这一理论改变，我们将郊区化确立为一个从无可置疑的既定中心向外单向转移的过程。过去，有理由相信两个极端的存在——我们所经历的大多数聚落过程证实了这一点：郊区化或者是城市化的早期初级阶段，或者导致郊区降级成为一个永远不受重视的集体聚落形式。首先，郊区被认为会发展成熟起来，就像大多数所谓的 20 世纪早期的电车街道郊区那样。它们会成为列斐伏尔的城市组织的一部分，最终与原来的城市环境毫无区别。在后一种情况下，这些郊区将永远处于高度病态的状态，这是一种文化、财富、城市性或其他价值方面长期不足的状态，衡量这些价值的标准仍然是真正的和想象的“城市”。在这种观点下，成功的郊区化被视为将郊区带入城市，并让它们消失在他者中，即传统的城市中。失败的郊区化则是这样一个过程：它使得郊区社区变得落后并最终与城市分离；使之不适合城市生活，缺乏社会和形态的混合和融合，成为没有建设性政治权力的地方——最重要的是，在气候变化时代，它使得郊区完全不可持续。当然，值得注意的是，对于非常富裕、私有化的门禁社区，以及在欧洲大部分地区和加拿大的城市周边发现的成为少数族裔聚居区的、最贫穷的种族化边缘地区，我们都能看到同样的病理状态。

我在这本书中提出了一个不同的观点。郊区化是聚落的一个普遍的开放式协商过程，此过程中的上述成功和失败都不能作为我们分析和理解的相关类别。相反，现在给全球大部分人口提供住所和就业机会的郊区将永远不同于过去的城市，它既不会健康地融入其中，也不会以病态的方式与其分离。在接下来有关多样性、生态和政治的章节中，我们将在此意义上进一步探讨郊区革命的进程。

郊区展望:对全球郊区化的观察

因此,根据本章提出的论点,我得出的推论是:由这一巨大的城市化浪潮带来的大多数新的城市形态和进程本质上都属于郊区。虽然存在某种建成形式的集结体和城市过程的集中,但是考虑到城市性的不均衡分布(非洲和中国)及其特定的路径依赖,大多数城市聚落不仅仅是在地理上属于城市外围,即处于那些区域目前的城市地区半径之外,而且在本质上主要是从低密度到中等密度区域,至少在非洲是这样的。即使在以同心圆式扩张方式沿着一条又一条环形公路向外推进的巨大的中国塔楼街区(Fleischer,2010),大多数新的和现有的城市居民将居住在郊区化的区域(Keil,2013;Swilling,2016)。

郊区的崛起是一种全球现象,但是现有城市形态和结构向城市外围的扩展是在各个地方构建和重建的。城市郊区化的过程和结果具有很大差异。这种形式和结构的多样性反映在"郊区世界"的概念多样性中(Harris,2010)。郊区也不应被视为所有消费者选择的自然产物,而是迥然相异的土地经济和治理体系中公共和私人参与者计划和规范交互的综合结果(Hamel and Keil,2015)。

这种结合也表明了城市化历史上的一次断裂:我们从人口密集的工业城市曼彻斯特或芝加哥,或者金融资本主义城市纽约、伦敦或东京,被吸引到各个地方的郊区扩张。随着这种外爆城市化(Lefebvre,2003)的推进,内爆集中化将继续发生,进而形成多样化的全球(城市)郊区景观。正如我们将在第八章更详细地讨论郊区政治生态,这些外爆和内爆本身就在其影响范围体现了全域化的特征,因为全球新陈代谢过程构成并依赖无处不在的郊区。

现在看来郊区化是城市化的原始组成部分，而不是其衍生出来的部分。基于迈克·戴维斯(Mike Davis)的“贫民窟星球”，我们可以用“郊区星球”来阐释哈维的研究(2007)。这意味着，通过认知的视角，我们可以在很多重要方面了解城市变化。人们现在逐渐需要让一个曾在20世纪60年代哀叹城市外围缺少城市风格(2003)的人——列斐伏尔——看一看：尽管现在北美和欧洲旧的“内环”郊区的贫困造成一种不足，但是外围不再仅仅是缺乏城市风格的地方了(Charmes and Keil，2015)。地理上的外围、郊区、城市外围地区要求拥有新型中心。

在这个新的景观中，无论是在传统的门禁社区，还是在较新的隔离形式中，空间外围化伴随着社会边缘化和/或特权隔离出现，比如即使是在郊区中心也有公寓大楼。从危机管理(凯恩斯主义)、危机转换(Harvey，1982)，或者换句话说，“郊区解决方案”(Walker，1981)到被认为是危机的原因(次贷危机等)，这几方面形成一个连续统一体，郊区化作为一种普遍现象，现在必须放在这个连续统一体上理解。虽然著名的城市学家津津乐道于城市革命的创造性核心，但是郊区化现在已经成为城市空间生产这一社会物质过程中日益占主导地位的舞台。

我们现在需要提出的问题是，一旦所有地方都成为郊区，那么再将郊区化作为一个过程、郊区作为一个地方以及郊区主义作为一种独特的生活方式来谈论还有意义吗？或者我们是不是应该开始谈论后郊区世界？这些并不是华而不实的问题，它们应该得到诚实而富有成效的答案。从根本上说，有两种回应方式。首先，在这个跨越世界的外围城市化的戏剧性时期，我们看到郊区化进程的规模在不断扩大，强度在不断增加；我们也看到实际郊区的日常扩张以及明显的郊区日常生活形式在全球范围内的传播

(Drummond and Labbé,2013)。至少从这个意义上说,我们可以继续谈论郊区化。

第二个答案不够直截了当,但仍然真实有用,因为它将我们在城市理论建构中的视角和行动过程转向普遍的后郊区化过程。尼克·菲尔普斯和吴缚龙认为,后郊区是一幅"复合图像",原因在于它在全球的表现形式、土地用途的分化和混合、难以预测的地理形式、新的政治、新的工作-居住关系和不一致的土地用途(Wu and Phelps,2008)。我们现在看到的是一个更具反思性的过程,它既包括对现有郊区的改造,也包括持续不断出现的"原创"郊区化:我们可以称之为后郊区化,因为它超越了传统的线性外围发展形式(Charmes and Keil,2015)。

在后郊区化的同时,我们也可以观察到外围郊区形态意义的转变。城市郊区化长期以来被看作凯恩斯-福特主义经济学的物质过程及其计划性大众消费的良性循环,现在却已成为新自由主义的主要领地。保罗·诺克斯(Paul Knox)指出一种特别粗俗的资本主义空间修复形式已出现,在过去 20 年里,它通过常常隐蔽于绿树葱茏区域的巨大怪物屋炫耀性地消耗空间、自然和资源,给新自由主义的美国社会带来一种特定的(城市)郊区形态(2008)。杰米·佩克(Jamie Peck)曾将美国的郊区描绘成一种特权场所,这一场所是从实际存在的新自由主义治理形式中产生的(2015a)。这些观察正好契合了一个理念:城市外围一直是重构后福特主义的"梦想空间"。现在,在全球范围内更广泛的城市区域都可以看见高科技集群或其他生产、物流和商业综合体,但它们最早出现在像硅谷或南加州的橙县这样的地方(Soja,1996)。与此类似,与全球后凯恩斯主义演变紧密相关的全球城市经济正在向区域扩张,寻求空间和功能。这已然成为那个城市化时期的标志。

现在，郊区已成为一种全球现象，而不仅仅是美国的空间修复。郊区发展形式多样，族裔郊区的发展是其中之一。通常内城才具备的融合和区分人口的能力以及制度安排现在已经转移到郊区(Saunders,2011)。但这些通常是非正规的外围地区，它们并没有沿袭老路，走向更正规、更固定和更中心的模式。虽然它们是“等待中的城市”，但当它们凝聚成更永久的事物时，这种永久性全然不同于20世纪西方基于工业化的城市化所带来的结果(McGuirk,2014)。然而，全球外围现在不再被视为全球化的外围，因为它的“世界化”已经成为理论地理学向后西方城市化历史地理学整体转变的一部分(Roy,2009;2015)。

对城市研究而言，承认大多数城市化现在都是郊区化是十分困难的，这便造成了一个理论难题。通过大学采用的教科书和开设的城市研究入门课程，我们始终坚持培养一种观念：“正常的”城市化往往产生中心，甚至于20世纪四处蔓延的大都市地区首先也被想象成城市集群。在很大程度上，郊区被写入次级重要的理论空间。它们或者被认为最终会发展成城市；或者更糟糕的是，它们被认为具有永恒的不可改变的地理和语义位置。就在我们不能想象郊区成为个人生活的一部分，认为它们不值得认真调查，即它们缺乏产生有意义的话语的中心的时候，郊区化对我们这些城市知识分子进行了反击，也挑战了我们的自我意识。它们是我们通常构建的叙事和理论中心的殖民地。城市想象中的郊区主要表现为未知领域，这是一个未知的世界，也是一个殖民空间。在城市理论中，这种最糟糕的精神驱逐的版本将郊区等同于托尔金(Tolkien)笔下的“魔多”：工业社会和城市社会的恐怖景象在思想的外围被渲染得淋漓尽致(Jeffries,2014)。郊区已经是异常和病态的地方，它们总是远离中心的规范城市生活，但在理想上，又正在朝这个方向发展。郊区还不是具有主导地位的理论地理学的一部分(Robinson, 2006;Roy,2009)。

结论:城市理论重新定向的必要性

许多批判性和主流城市理论对郊区事物表现出理论上的不安,鉴于此,我们迫切需要摒弃历史上用以观察城市化的特权地点,包括享有特权的城市中心和全球北方。现在,很多城市都是可以预测、整齐划一并已迪士尼化[①]的地方。它们通常拥有绅士化的单一文化,充斥着由创意人员掌管,并由流动性很大的服务阶层提供的绿色基础设施(如纽约的高线公园)、娱乐特权空间和高度分层的经济机器。另一方面,许多郊区都是不可预测和多样化的并具有原创性的地方。在建成环境(Charmes and Keil,2015)、移动接入(Keil and Young,2014)、政治(Young and Keil,2014)和社会经济结构(Hulchanski,2010)等方面,郊区成为差异显著的区域。

我已经在本章为城市研究的理论重新定向做好了准备。实证研究让我们看到世界各地持续出现的城市外围聚落,并让我们批判性地阅读受列斐伏尔启发的城市理论,这一切激励着我,使我成为城市思想和实践去中心化的拥趸者。正如亨利·列斐伏尔在近半个世纪前"虚拟地"假设和预测的那样,对城市社会的需求不能再从郊区不足这一理念中得到概念化,而"城市的权利"正是借郊区不足这样的理念得到发展。在重新考虑城市理论的时候,郊区形态和社会的中心性必须成为其中一部分。在此意义上,城市革命没有中心定位,而是向(城市)郊区社会开放城市!在下一章,我们将探究展开郊区研究的不同方式。

---

① 迪士尼化并非迪士尼乐园化,而是指迪士尼带来的一种复制文化,表现为不崇尚创造,而偏爱复制,尤其是缺乏创意的复制。——译者注

第四章　郊区研究

前一章主要讨论郊区化的理论建构，与之形成对照的是，我们现在更关注学术界和实践中的郊区化的研究框架。郊区化研究是一个没有受到足够重视的领域，事实上，它是作为总体城市研究的一个子领域而为人所知的。造成这一现象的责任主要在于那些历史上从中心看待边缘的人，而不是从事城市外围研究的人。在漫长的世纪里，我们一直极其认真地对待城市化研究，“郊区化”作为一个真实存在的现象，已经占据了显著的位置，但是它仍然处于主流城市分析研究的阴影中。尤其是批判性城市研究，对郊区化没有表现出丝毫兴趣。郊区化被看成是一种偏离，一种资本转移的策略、将无产阶级驱逐出中心的豪斯曼式计划；或者反过来，是精英逃离空间的产物，一个文化和生态萎缩的过程等。对此，郊区化研究这一领域本身常常做出防御性反应，该领域研究者展开了大量历史实证研究，但是它仍然被推动整体城市研究的核心理论辩论拒之门外。

在一份颇有深度的综述中，沃恩（Vaughan）等人确定了四个“隐性假设，这些假设对大部分历史和地理文献具有指导性作用；（并且）它们也对更全面的郊区空间概念化构成阻碍”（2009：477）。这四个假设是：郊区概念是没有疑问且是单维度的；依赖性发展目的论引申出这样一种观点，即郊区没有自己的发展动态；“作为一个强大的社会再生产场所，郊区空间在反乌托邦、现实主义和理想主义思想之间的多元文化建构方面得到了充分的描述”；郊区是他者的投射空间（从人间炼狱形式到城市/郊区反抗和叛乱的地点）。沃恩及其合著者得出的结论是：“毫无疑问，郊区确实存在，并且越来越成为具有普遍意义的主题，这一主题涉及全球化‘世界城市’的增长和新兴经济体中建成环境的快速发展。然而……作为社会组织的一个特殊领域，在郊区空间的能动力得到承认之前，‘郊区’概念在认识论上仍然十分脆弱，以至于它无力承担目前的表征作用这一重担。”（2009：485）这是一个将郊区研究视为城市调查子领域的恰当地方。

呼吁郊区研究？

为避免误解，需要澄清的一点是，我们在这一章呼吁大家要承认地球上新兴城市外围不从属于“规范中心”的研究对象和理论源泉，并不是呼吁建立一种“郊区研究”类型。相反，它是批判性城市研究的一个论点，即重点关注向“完全城市化”迈进的非衍生过程——郊区化和郊区主义形成的过程（Lefebvre，2003）。这种拓展的城市研究将郊区视为历史上不断发展的人文地理学，该研究提出了更多问题，而提供的答案相对较少。倘若城市化越来越成为人类共同面临的情况，那么对于我们中的很多人而言，这种情况会发生在我们认为是郊区空间的地方。那么我们为什么要谈论今天的郊区和郊区化呢？我们又该如何谈论它们呢？

首要的是，我们必须避免在城市研究中重拾西方的殖民偏见。源自城市边缘和外围的新发展和动态挑战了外部依赖内部、郊区依赖城市的传统观点，并拓展了我们对城市进程辩证法的理解。城市理论和研究，以及根据郊区所展开的研究，现在需要被重新置于对城市理论和实践的新地理学更广泛的关注中。

从这些相互交叉重叠的领域，产生了一个广泛的研究和实践领域：物质形式/建成环境；社会关系/治理；以及城市/郊区政治生态。这些部门与传统的城市/郊区规划学科方法、社会学/政治学以及地理学/环境研究大体上是一致的。治理、土地和基础设施这三个方面为这些研究提供了进一步的研究焦点；同时这几方面也是推动和重新定义郊区化，并且带来全球多样性郊区生活方式的重要维度。

在追求有关城市和区域的知识这一过程中，郊区研究一直占有一席之地。然而，它们常常处于该领域核心主题研究的边缘。有时候，城市研究者会将目光转向广阔的郊区，但是他们最终还是会回到城市的中心，因为人们总是断定，只有在城市的中心，他们才能深刻地认识到城市的本质。在大多数情况下，甚至在20世纪下半叶，当城市外围空间的生产成为很多资本主义社会积累过程的驱动力的时候，这种我们所谓的“中心反射”使得郊区化区域的形成黯然失色。尽管如此，目前仍然存在专门针对郊区的研究，这是一种城市研究的强势延续。这样的研究已经为理解大都市的基础设施、土地生产、区域治理和郊区生活方式做出了卓越贡献。近来，对盎格鲁-撒克逊移民社会（美国、加拿大、澳大利亚）的“经典”郊区案例研究，常常与对全球各种各样的郊区化区域的广泛考察联系在一起(Keil,2013;Herzog,2015;Harris and Vorms,2017)。

因此,在拨开城市研究理论对象周围的层层迷雾,使其清晰显现之后,我们可以回归到一个概念,即持续不断的,也许还有人认为是正在加速的城市社会的扩散(Lefebvre,2003)。从早期城市理论思想家,比如韦伯(Weber,1921)、芝加哥学派(Park,Burgess and McKenzie,1925)到20世纪70年代向马克思主义发起挑战的学者(Castells,1977),他们已经将城市自中心向外概念化了。在欧洲(例如 Lefebvre,2003;Sieverts,2003)和北美,尤其是围绕着洛杉矶学派(Scott and Soja,1996;Soja,1996;近期对此的概述参见 Judd and Simpson,2011)出现了反趋势,尽管总的说来,外围的或者说郊区的经验仍然被认为是依赖中心,甚或是偏离中心的。在很大程度上,城市化仍然被想象成空间、功能、经济和人员的中心性同心圆式扩张。反过来,郊区研究(一个正在成长的巨大领域)却常常复制了这种中心-外围分裂。郊区研究领域对中心的忽视也同样存在问题(近期对此的概述参见 Harris,2010;Forsyth,2012;Jauhiainen,2013;Clapson and Hutchison,2010)。大多数郊区研究都遭受了同样的命运:它们的研究对象被视作无足轻重的东西。对于每一个相关的城市中心,都存在衍生的外围区域。每一部有关城市化的作品里,都存在不太重要的郊区化研究。虽然图书馆和各种讲堂里充斥着大量有关作为一种生活方式的城市生活的评论,但是作为一种生活方式的郊区生活本身几乎没有得到认可。

我们可能会立刻表示反对,认为这无疑是一种夸大其词。郊区研究,作为一个领域,已经存在一段时间了,这一研究做出了卓越的贡献,也出现了一批卓越的学者。很多人也许会争辩说,一如郊区这一聚落形式本身之于20世纪的城市研究一样,郊区研究也产生了重要影响。是的，这一点毫无疑问，20世纪70年代，年轻的理查德·沃克提出了应对资本主义生产过剩的“郊区解决方案”(1977)，郊区不仅处于资本主义城市化如何运作的核心，也处于其如何失败的核心。对于该领域的很多人而言，如果不考虑外部大面积单户独栋住宅小区，就不可能理解资本主义；如果不考虑外围(有计划的)他者，即四处蔓延的郊区化，就不可能理解城市化(Gottdiener，1977)。

至少一个世纪以来，郊区一直萦绕在我们的脑海中挥之不去。尤其是在北美，它们就是罗伯特·菲什曼(Robert Fishman)称之为“资产阶级的乌托邦”的地方。菲什曼引用了芒福德(Mumford)的名言，即郊区是“过一种隐私生活的集体努力”(1987：x)。当然，我们知道，这种对于隐私生活的假想权利最终往往更像是一场“噩梦”，而不是一场乌托邦式的梦想。这项权利被编入“限制性契约”的永久制度中，这是一份基于街区自我界定社区的合约，目的在于限制他人进入自己的地盘。罗伯特·福格尔森(Robert Fogelson)认为，这些契约告诉我们，郊区居民“对其他人的恐惧，对曾经被认为是‘危险阶层’的少数民族和穷人的恐惧，以及他们对自己同类人的恐惧。他们是变革和市场的主要受益人之一，但是他们对此也心怀恐惧”(2005：24)。在菲什曼看来，正如他在20世纪80年代所写的那样，郊区将会一直存在。在谈到“郊区的衰落”时，他明确指出，他“不是在预测郊区回归城市”，他也没有“预见到废弃的住宅区里平缓弯曲的街道长满青草，肆虐的风穿过空荡荡的购物中心”(1987：xi)。相反，在菲什曼看来，郊区的衰落等同于产生了“一种新的城市形态”(1987：xi)。按照菲什曼的看法，城市是精英们的集体创造，在他的定义中，这是一个具有居住优先权的地方。

作为一种力图消除郊区边缘性的尝试，菲什曼所宣称的“一种新的城市形态”十分重要。住宅、购物中心和办公园区构成的郊区“偶然形成的城市”，北美城市景观中经常被忽视的“繁荣郊区城市”正处于成为主流的过程中，这也成为公众意识的觉醒。恰如多洛雷斯·海登(Dolores Hayden)对这种现象的解释，“郊区城市”是以前在地理上和认知上处于核心之外的一种规范化形式(2003)。“郊区城市”也为历史上经常被忽视的郊区化研究的各个方面提供研究空间和可信度。例如，在其对郊区的狭义定义中，菲什曼十分清楚地表明郊区就是基于单户独栋住宅的住宅区，但是其他研究者却认为，郊区化从一开始就具有多样性，它包括郊区历史中常常被忽略或低估的工业、商业和其他形式的郊区化(Lewis，2004a；Lang and LeFurgy，2007：10—11)。因此，沃克和刘易斯拓展了郊区城市的定义，使其包括除技术郊区城市诞生很久以前的住宅土地用途之外的更多含义：“在迅猛发展的大都市边缘地带，我们发现了一整套构成城市经济和生活的工作场所、住宅、基础设施和商业。”(Walker and Lewis，2004：31)沃克和刘易斯从对郊区历史多样性的观察上升到对城市理论更普遍的探求，这也使得他们从传统的郊区研究中脱颖而出。迈克·戴维斯运用城市理论阐释了洛杉矶郊区在历经多重灾难情况下的发展(1995)，在提及这一点时，沃克和刘易斯认为：“地理工业化、土地开发和大都市的政治及规划共同构成一个理论框架，为城市学者提供了一种超越以往理论的方法。”(2004：31)这些研究者迈出了极其重要的一步，他们拓展了郊区研究的历史和经验基础，这将产生极其重要的理论见解。尽管如此，最终这一拓展仍然远远不够。

郊区并不仅仅是未来的城市，但是在没有将郊区重新纳入城市经济发展理论的政治经济逻辑的情况下，我们还是可以从郊区及其研究中学到关于整体城市的更加普遍，甚至是通用的东西。

当密涅瓦的猫头鹰[①]再次飞越郊区上空之际，我们事后可以说菲什曼关于郊区衰落的预言既是正确的，也是错误的：事实上，肆虐的风的确吹过北美洲的购物中心，而次贷危机后的郊区院落的确被青草覆盖。现在郊区记录了城市变化这一事实，不是由于它是一种成功的特殊形态，而是因为它现在不仅仅是一个享有特权的住宅地点：事实上，随着郊区逐渐成熟并变成后郊区，它便成为所有城市形态的融合体。

菲什曼以其对郊区这一主题的广泛且富有远见的研究方法，在众多郊区研究人员中脱颖而出，但是并非只有他一人如此。无独有偶，加拿大历史地理学家理查德·哈里斯也可能对郊区现象展开了最系统的考察。他展开了全面的工作，认真详尽地考察和研究了多伦多东区特有的自建工人阶级郊区以及二战后大规模建造的住房。在最近的作品中，他将自己的视角扩展到了全球范围，不仅考察了菲什曼聚焦的后殖民时代的南非和印度的"物质世界"(1987:9)，而且还涉及郊区概念本身的话语范围(Harris and Vorms，2017；参见朗和勒弗基对郊区新空间的命名，Lang and LeFurgy，2007)。哈里斯在近期的一篇代表该领域最高水平的文章中提出了郊区化类型学(2010)。引人注目的是，对于一个主要通过对特定郊区化进程和地点进行简要而全面的历史记录而成名的学者，哈里斯从开始他的记录时就响应了珍妮·罗宾逊的倡议，"需要考虑城市多样性对理论产生的重大影响"(2010:15)。具体而言，这一倡议在实质意义上具有特定的后殖民性；一般而言，它呼吁建立城市化理论，这种理论是对主流、中心、核心和堡垒的规

① the owl of Minerva，罗马神话中智慧女神密涅瓦身边的猫头鹰，是思想和理性的象征。——译者注

范性引力的一种反抗。哈里斯努力挑战“具有多样性现实的理论”之际，与罗宾逊最初的表述保持高度一致，他重点关注“全球南方的经验如何对郊区概念化产生影响”，并提出一个观点，即存在一种将城市和郊区的变化纳入发展框架背景中的趋势，这种趋势首先是罗宾逊发现的。虽然新近出现了很多有关全球南方的外围城市化的文献，但是，(a) 它们与西方传统的郊区研究文献几乎没有关联；(b) 令人吃惊的是，在全球南方，虽然关于棚户区、门禁社区和新中产阶级郊区化的研究工作正呈蓬勃发展之势，但是它们之间却少有重叠之处(Harris，2010：22—23)。哈里斯援引了一个“全球参考框架”(2010：33)，提出郊区的前理论类型，它首先将“那些有机会做出某种选择和没有机会选择的人，那些迁往城市和离开城市的人”区别开来(Harris，2010：34)。这种区别是前理论的，原因在于它只是以有意义的方式对经验性的郊区世界进行排序；它仍然是一种分类学，还谈不上是一种理论。这些类别极其有助于构建一种比较工作，罗宾逊等人将此确立为基于普通的城市/郊区化的理论建构中难以协商的部分。对哈里斯来说，这项工作在很大程度上进一步成为经验性或分类学的研究问题，但却未必是理论本身。为此，郊区研究需要与更大的社会变革问题联系起来，包括那些将自己视为社会理论的批判性城市理论所提出的问题。近几十年来，这项工作常常被认为是一种研究完全城市化的方法，或者换句话说，它是研究城市社会的马克思主义方法，特别是受到列斐伏尔影响的研究方法。基普弗(Kipfer)、萨贝里(Saberi)和维迪茨(Wieditz)认为：“列斐伏尔对社会理论最重要的贡献在于，他最终决定(这一决定是在《城市革命》一书中形成的)将城市作为与日常生活和受国家约束的‘全球’社会制度协调关系中的现实层面，置于开放式社会整体中。即使在重新提及生活经验和国家的时

候，列斐伏尔对城市的思考在社会秩序中发挥的建设性作用也丝毫未减。”（2013：117）

在雷达之下的郊区研究

列斐伏尔这一贡献并不是基于他对欧洲传统单一城市的关注，而显然是基于他对郊区化过程的接受，这一过程作为城市理论的灵感源泉，出现在 20 世纪 60 年代和 70 年代的巴黎（Lefebvre and Ross，2015：45—50）。因为对传统意义上的城市形态、经济结构或政治经济研究较少，更多的是对郊区生活方式的研究，这才有了对郊区化理论建构的一些深度介入。在关于全球郊区主义重点合作项目（MCRI）的部分研究集群中，我们采取了两种迥然相异的郊区生活方式研究方法，目前已经取得了令人瞩目的研究成果，这些研究工作采用了一系列方法论和概念性方法。一方面，我们使用可能被视作“郊区”的普遍类别，对（加拿大）郊区化进行了系统的定量分析。这些郊区化类别的划分方式，在许多方面打破并改变了我们对郊区化进程的理解（Moos and Walter-Joseph，2017）。例如，马库斯·莫斯（Markus Moos）和帕布罗·门德斯（Pablo Mendez）使用“单户独栋住宅入住率、房屋所有权和汽车通勤作为郊区生活方式的指标”，证明了郊区正变得更加多样化，他们发现在加拿大住房政策分歧的背景下，“郊区生活方式和较高收入之间呈持续正相关关系”这一点令人感到不安（2015：1865）。也许在当前讨论的语境下，更重要的是这些现象在大规模经验研究基础之上提出的理论挑战。艾伦·沃克斯重新考察了列斐伏尔的城市社会理论，对这一理论挑战进行了很好的总结。20 世纪 70 年代，列斐伏尔在预测这个世界未来的城市生活时指出，这个世界见证了城市形态和生活的“巨大爆炸”，这是20世纪集中内爆和集中化的辩证对立。对于列斐伏尔而言，这种内爆-外爆的辩证关系及如影随形的社会全面城市化，仅仅是他在20世纪70年代的一种推测，现在验证这种思想的时代已经到来。列斐伏尔的这一愿景，在21世纪之初随着另一系列的技术经济革命发生才开始真正实现。尽管如此，郊区化仍然是一个特定的外围化过程，这一爆炸过程“投射出大量分离的碎片”，列斐伏尔把外围、度假屋和卫星城镇也纳入其中(2003:14)。爆炸这一意象仍然意味着其起源中心的存在，但是与之形成鲜明对比的是，我们今天所说的郊区化是一种更广泛的动态，它不再需要将中心分解为无数的外围(正如列斐伏尔多次提到这一主题时所推测的那样)。现在，通过向城市空间的政治经济体传播郊区生活方式的推广过程，郊区化得以继续进行，正如菲什曼对费尔南·布罗代尔(Fernand Braudel)的精彩评述所言，这是“一个促进变化的现象，它使得从城市核心移动到外围的变革加快了步伐”(1987:17)。在对这些过程进行考察时，沃克斯十分重视郊区主义这一方面，并认为郊区化“是城市主义的一个固有方面，两者既有区别，又不可分割——它是始终存在的城市主义内在的对立面，它以辩证的方式与城市主义处于对峙状态，产生了相互交织的‘城市主义-郊区主义’维度”(2013:1472)。重要的是，沃克斯因而将郊区主义视作“城市主义中的多维度演变过程，随着其中产生关系形式的流动在空间里转变和交互重叠，这一过程也在不断地起伏变化”(2013:1472)。沃克斯从这一理论性讨论中提取出城市主义-郊区主义的六个维度，这也成为他和同事对加拿大郊区化进行定量分析并对其表征作用展开分析的基础(Moos and Walter-Joseph，2017)。

在方法论频谱的另一端，丽莎·德拉蒙德(Lisa Drummond)

和达尼埃尔·拉贝(Danielle Labbé)提出了针对日常郊区主义(郊区生活方式)研究的理论方法,这种方法较少依据定量数据和一般的郊区和城市划分的不断变化的类别,而更多依据深入到全球城市化前沿郊区生活的人类学和民族志观点。德拉蒙德和拉贝认为,“我们对郊区日常生活的研究……需要关注整个郊区场所和形态范围内社会互动的实践活动和空间”,它们越来越多地出现在全世界,尤其是盎格鲁-撒克逊郊区中心地带以外的“整个全球南方,这些地方的城市正处于建设之中,建设活动常常在非正规的城市周边的外部边缘地区展开,这些区域的新商业开发区、工业区和中产阶级住宅区往往犬牙交错地交织在一起”(2013:51)。

除了将批判性郊区研究扩展到对郊区生活方式的研究,并与之保持一致,我们已经认识到,郊区化现在已然是一种全球现象(Keil,2013;Hamel and Keil,2015)。在东欧(Hirt,2012;Stanilov and Sykora,2014a)、西欧(Phelps,2017;Savini,2013;Tzaninis,2016)、中国(Fleischer,2010;Wu and Phelps,2008)、非洲(Bloch,2015;Mabin,2013)以及拉丁美洲(Heinrichs and Nuissl,2015),对外围城市化的区域性研究呈爆炸性增长,这成为展开这项工作的基础。在这项工作中,我们看到一种日益增长的趋势——将与社会变革相关的理论辩论更普遍地与郊区现象联系起来。例如,对斯塔尼洛夫(Stanilov)和塞科拉(Sykora)而言,“直面郊区化已成为面对更广泛的社会挑战的一面镜子,我们需要应对这些挑战,从而为发展中国家可持续的未来发展构建一个良好的框架”(2014b:22)。

回顾郊区研究

现在让我们再回到最初提到的郊区研究。郊区研究是一个发展迅猛的领域，包含大量研究方法、学科历史和定义（Forsyth，2012；2014）。许多郊区研究聚焦于郊区形态和建成环境，其中大部分，事实上，按某种指标衡量，67％的近期文献只关注美国的郊区（Harris，2010：17），其结果是，郊区研究有时候显得很“狭隘”。尽管如此，该领域仍然具有全球影响力（Jauhiainen，2013），并且是城市研究中一个名副其实的重要子领域。作为一个研究领域，它通常是通过经验主题的兴趣，而非理论探究来定义。杰伊艾宁（Jauhiainen）对诸如有计划的和无计划的、受监管的和不受监管的郊区化，（梯田、别墅、工业和工人阶级、花园、扩展的、安装门禁的、棚户区等聚落）郊区形态的种类等主题的兴趣进行了区分（2013）。那些经验研究领域的工作卓有成效，但是不幸的是，其中一些工作只是自我指涉（Harris，2010：16）。杰伊艾宁明确了近些年来郊区化方面一些关键的量变、质变和象征性变化，这些亟需更多不同的阐释方式。在呼吁人们要用“新方法和混合概念”来解释当今郊区化这一复杂现象的同时，他指出这些方法和概念必须来自“一系列经济、社会和技术的观点”（2013：801），而我们至少还应该增加文化的，或许还有环境的观点。

近期的郊区研究已经采用各种方式应对这一挑战。在开始对郊区研究文献进行简要回顾的时候，应观察到大多数最新的郊区研究延续了哈里斯在上文指出的以美洲为中心的研究传统。除此之外，大多数新的郊区研究文献仍然延续着本领域从前的经验研究倾向。在一定程度上，郊区研究的快速发展至少可以部分归因于以下两点：郊区研究在特别的中心或项目中得以制度化，以及该领域大型研究活动所得到的资金资助。这些工作中最突出的可能是在霍夫斯特拉大学建立的国家郊区研究中心，它已成为该领域最引人注目的研究中心。在该中心出版的题为《重新定义郊区研究》(*Redefining Suburban Studies*)一书中，芭芭拉·凯利(Barbara Kelly)写道："多年来，郊区研究领域一直被锚定在城市研究领域，其结果是，郊区一直作为城市的子集而被研究，它无法显示自身的特点。理想化的城市是衡量郊区并发现其不足的标准。在各个方面，郊区都是城市的低配版，它不如城市那么好，不如城市那么大，在为人们的生活提供各种支持方面，它也比不上城市。"(2009:5)

在新近的郊区研究文献的种种宏大叙事中，我们清楚地看到一种徒劳无益且荒谬至极的叙事，一些城市学家不遗余力地宣称"郊区的终结"或称"死胡同"的蔓延(Gallagher,2013;Lutz,2017;Ross,2014)。这种带有倾向性且十分肤浅的工作，主要基于对一些美国城市出现的再城市化趋势和偶或发生的郊区衰退(尤其是购物中心和巨型住宅)的感知。在最好的情况下，它是由对城市生活、公共交通和公共政府的强烈信念激发的想法；在最坏的情况下，它助长了内城的绅士化。这种工作将某种类型的郊区具体化了，并宣称其重要性正在逐渐削弱，这相当于世界范围内正在发生的外围扩张浪潮结束了。对于郊区的目光短浅之见曾经一度在郊区研究领域甚嚣尘上，这一立场和此类文献便是其中的一部分。

随着郊区多样性的增加，郊区文化愈加引发关注。例如，国际"郊区文化"项目考察了世界范围内大量郊区地区的"郊区文化生活"。其中一项有关新多样性的研究工作令人激动，它实际上是关于郊区多样性如何与传统生态相互作用的研究。比如，巴勒克拉夫(Barraclough)考察了洛杉矶的圣费尔南多谷，这个山谷是一个受白人影响的半乡村文化的产物和工程，这种文化回荡着民族性和排外性的声音(2011)。郊区中占用自然的概念对这一景象的固有称谓十分关键。新的文化实践也已经成为众多郊区研究者的研究主题。近期研究中最为突出的是鲁帕·哈克(Rupa Huq),他对来自郊区(主要是英国的)的流行文化进行了生动的分析(2013;参见 Webster,2000)。例如,在加拿大案例中,埃里森·贝恩(Alison Bain)考察了郊区空间的文化创作者社区(2013)。郊区研究中的文化视角对这一研究领域至关重要。美国社会在使人产生疏离感的大众化和消费文化中迷失了方向,当霍克海默(Horkheimer)和阿多诺(Adomo)对其进行解读之际,确立了一种批判理论(1972),随着二战后郊区研究的兴起,这一理论便过多地限定了这一领域的研究。郊区生活平淡无奇,成为大众文化的牺牲品,这一观念不仅仅是学术上的老生常谈,它还成为电影、电视、音乐和文学作品中郊区的普遍表征。近些年来,随着《近郊奇情》(*Suburbia*,1984)、《逃出绝命镇》(*Get Out*,2017)一类影片或者像《单身毒妈》(*Weeds*)(Archer,Sandul and Solomonson,2015)之类的电视剧播出,郊区更多的问题被呈现出来,人们对郊区的态度终于发生了转变。

近期,郊区研究经历了一次转向,它跳过重新思考郊区这一步骤,将重心转向重建郊区。很少有例子显示人们从理论上,或者至少从概念上重新思考郊区,使其服从规划或设计。这一实践工作中的一个例外(当然也是主要的作品)是杜汉-琼斯(Ellen Dunham Jones)和威廉姆森(June Williamson)2009 年写成的著作《郊区改造:转变郊区发展模式的城市设计方法》(*Retrofitting Suburbia: Urban Design Solutions for Redesigning Suburbs*)(2009,也请参见 Jessen and Roost,2015a)。在这方面,还有来自朱迪斯·德容(Judith De Jong)的系统分析,她利用"扁平化"框架来理解郊区化的内城和改造后的郊区之间的概念边界和形态边界的日益瓦解(2014)。然而,有关郊区的大部分工作,现在由城市规划人员和设计人员承担，他们主要关注郊区的改造，而没有花费太多时间去考虑此类郊区重建或者他们倡导重建的理论意义。随着与组织型消费社会特定历史相关联的购物中心、其他郊区形态和经济企业的衰退成为定势，人们对重新估算郊区土地价值的关注催生了与设计活动相关的产业，这一产业致力于实现郊区城市化和再城市化。另外，对如何应对气候变化挑战、可持续性和弹性的思考也推动着其中一些活动，对此，更加紧凑和集中、更少以汽车为导向的郊区化形态已经变成一种时尚（Touati-Morel，2015）。关于郊区改造的文献和实践与主流城市学家的思想完全一致，与那些更分散的、以汽车或者公共交通为导向的低密度城市相比，他们更青睐本质上更集中，以步行为导向的紧凑型城市。

城市-郊区二分法支撑着大部分主流城市学家的理论和实践活动，但这种二分法是存在不足的。郊区并不是城市核心的简单线性扩张，而是各种动态共同作用的产物，这些动态是在各种各样的过程中产生的，如反黑人种族主义，通过空间生产的积累，在即时生产、灵活空间、去中心的区域经济等方面的战略投资以及城市学家关于绿色田野复兴的幻想（这里只列举几个明显的例子）。后郊区时代的"夹缝城市"已经发展了自己的逻辑和空间辩证法，在超越旧的城市-郊区二元结构之外，建立一种矛盾而富有成效的新中心-边缘关系（Quinby，2011）。从这种超越二分法的转变所能得到的深刻见解是，如博尔曼（Bormann）所言，"作为一种生活形态的城市风格，已然将自己从城市中解放出来，并长期筑巢于城市腹地，甚至所谓的乡村地区"。那么反过来，我们可以转而谈到城市/郊区风格的现象。作为一种生活形态的城市/郊区风格的泛化是一种双向过程：正如我们现在在远郊社区的时尚生活中心看到很多别具风格的广场和"绿色房间"一样，接近"自然景观"这种传统上非城市的隐喻，现在也成为城市特质定义的一部分了（Bormann et al.2015：114—115；由 RK 翻译）。因而郊区改造基于这样一种设想，即将城市形态多样性和城市生活方式引入郊区，在某种程度上可以提高郊区的日常功能性，让郊区更具有活力，并且给人带来更愉悦的视觉享受。但是要想这样的改造成为真正的变革并且富有成效，必须首先接受一点，那就是郊区本身并不是单调乏味的，而是由各种各样的局部空间构成，这些空间为变化提供机会，从而反映了适应气候变化、经济危机管理、人口和家庭结构的社会转变的需求（Jessen and Roost，2015b）。密度和紧凑性被视作规划目标，只有在拥护绿地和保护政策的情况下，才能够实现这样的目标（Keil and Macdonald，2016）。这包括郊区的生态和美学再想象以及区域治理本身等方面（Sieverts，2015）。

最后，在我们谈论改造郊区时，需要指出一个显而易见的矛盾，也许在北美郊区化背景下，这一矛盾表现得最明显，虽然与加拿大的郊区化相比，这种矛盾在美国更为突出。改造郊区需要对构成其景观的住宅、商业和办公空间或者生产空间做出回应（Jessen and Roost，2015b：13）。然而，事实上，普通纳税人通过住房贷款和基础设施建设，向房屋拥有者提供了前所未有的补贴，而这一做法的产物便是郊区景观。尽管如此，郊区景观表面上仍然是隐私领域。这已对郊区的社会性（或者可能是缺乏社会性）、一定程度上的区域孤立主义倾向以及明显的吊桥心态造成显而易见的影响，在此无须过多解释，但此种影响确实存在。郊区单户独栋住宅及其私有化治理与政府干预形态和积累策略处于紧张的对立之中（Ekers，Hameland Keil，2012）。这些模式共同生成一种景观，它在规划方面无明显指导，也无权威部门采取相关行动改进其明显的不足之处（Bormann et al.，2015）。这一矛盾可以追溯到郊区作为一个空间的基础，在此空间中，集体解决方案的原创思想很快被归入两极，一端是企业暴利，而另一端则是消费主义资本主义滋养的对个人主义的渴望。马丁·菲勒(Martin Filler)在评论两本有关郊区历史的新书时解释说，私有化郊区的核心是20世纪中叶的地区性住宅，也许仅在美国，1945年之后的1/4世纪里就建成了高达3500万套这样的住宅，对此抱有怀旧之情或者耗时耗力地保存它们实在毫无意义。从这些住宅所代表的家庭模式、生态不可持续性和结构脆弱性来看，菲勒认为这些房屋已经过时了，他说，“现在它们的重要性似乎是体现在社会学而非建筑学方面”(2016)。郊区空间生产的历史性替代方案已经被抛到一边，比如罗伯特·E.西蒙(Robert E. Simon)对弗吉尼亚州雷斯顿的计划，原因在于相较于在工人阶级社区提供住房的必要性，房屋所有权的理想变得更为重要。“开放的空间、几乎人人都能负担得起的住宅和公寓、种族融合、经济上自给自足、无污染并能提供丰富的文化和教育机会的”郊区景观[正如《纽约时报》(*New York Times*)发布的西蒙的讣告中所描绘的雷斯顿一样，引自Filler，2016]已然逝去，我们现在面临的是企业商业主义的公-私“外部结构”(Easterling，2014；Tonkiss，2013)和超级网络化私人住宅的三方对抗。郊区建设和改造中这三类相互关联的景观在规模、逻辑和政治上是不相容的，这对于今天要把郊区建设成更为宜居之地的任务产生了巨大影响；通过政府、企业和开发商的短期利润动机以及房产拥有者的财务风险最小化，郊区重建继续沿着基础设施供给之路行进。像雷斯顿的西蒙这样的建设者的独创性和集体主义想象力，在这些景观中几乎难觅踪迹。因此，社会、环境、经济和空间变化饱受多重分裂之苦。

郊区文献，何去何从？

新的郊区研究领域中的文献往往是专门性的而非一般性的，现在还没有得出宏大的论断。该领域的研究趋势是提倡采用更地方性和专题性的研究方法。玛格丽特·克劳福德（Margaret Crawford）将D.J.沃尔迪（D. J. Waldie）的权威回忆录《神圣土地》（*Holy Land*，1996）视为一种突出"个体声音"的方法，并把它作为范例，成为未来郊区写作的发展方向（2015：383—387）。此外，她还确立了两个她认为特别"有前途的"研究专题：聚居地和郊区意象。在一定程度上，以上三个研究领域达成了罗宾森和哈里斯的目的，即在城市研究和理论建构中加入更多对日常性的关注，但从现状来看，克劳福德的倡议也仅仅是将郊区研究更多地向经验研究方向延伸，还未做到建立有关城市研究的新理论。事实上，虽然克劳福德颇有见地，在自己的研究中突出了硅谷郊区的景观并进行了精彩展望（2013），但是无论是在生物领域还是在城市日常生活或想象领域展开研究工作，此类研究的参考点仍然是将城市中心视为他者。尽管如此，该领域业已出现明显的转变，虽然迄今为止，这个领域的研究本质上还是前理论（非理论）研究，但是现在正在形成一种坚定的共识：那些"忽视郊区悠久而多样的历史和人们在郊区的居住方式，而只是随时间推移而重新修订和阐释郊区的研究"理应遭到摈弃（Crawford，2015）。

郊区研究具有注重更单一和有限的事件和地点的趋势，而非富含理论内涵的一般大趋势，这种趋势中唯一的例外是后郊区生活方式研究的兴起。自20世纪90年代提出这一术语（Kling，Olin and Poster，1995）开始，在菲什曼（1987）和蒂福德（1997）的研究工作的基础上形成一种普遍的认识：关于郊区的新奇之处可能是指它的成熟过程及其复杂的变化模式。人们发现在某一个与历史无关的时期，表面上凝固并一成不变的景观，恰恰像城市本身一样容易受到更大的社会适应需求的影响。蒂福德给出这样的描述："作为结果的后郊区城市景观，不过是走向极端的郊区化，是大都市人口长达两个世纪持续不断的去中心化的最终产物。"(2011：33)蒂福德强调在向后郊区的转变中的"持续性，而非间断性"，正是其他学者所说的这一时期特有的新开端，比如汤姆·西弗茨在写作《没有城市的城市》(2003)时所做出的开创性工作。西弗茨强调的不仅是夹缝城市之间景观自身的新奇性，还有专家和郊区居民两者都应在理论和实践上适应这种新奇性的必要性。以古老城市的悠久历史为背景，这种"新型的分裂式城市化景观的大规模城市形态不遵循任何有计划的城市学家的秩序概念"，给城市规划师、决策人和居民带来了新的挑战(Sieverts，2011：19)。由于这些形态曾经是不断变化的社会的形象，西弗茨认识到文化方法和美学方法的重要性，这两者的基础是区域尺度中居民的日常生活实践和空间占用(2011；2015)。景观的尺度观念(1987 年也得到菲什曼的认可)成为有关后郊区和夹缝城市研究文献中的重要观点：尽管每一个住宅区，事实上是传统郊区中的每一幢房子，都可以在复制的隔离状态中得到研究，但是今天的后郊区景观不允许这样单一的切入点，它们总是作为一个整体才有意义。其中一个极端的案例就是，一群建筑学家和地理学家从城市化的后郊区景观视角对瑞士整个国家展开分析(Schmid，2014；Lehrer，1994；Phelps，2015)。

如凯利所言，在看待郊区研究对象属于城市问题的"子集"之际，在很大程度上，郊区研究已然接受处于从属地位的现状(2009：

9)。除此之外,郊区研究还存在一种倾向,即以各种不同方式将郊区具体化,将其作为经验对象、地方或形式,或者历史过程,却很少把它作为开创性的、多地点的和具有社会复杂性的现象,作为全面观察城市社会并建立其理论的特别有利条件。然而,新的郊区研究的局限性只是阻碍郊区化发挥更突出作用的一个因素,也是阻碍郊区化进程研究在整个理论建构过程中发挥作用的一个因素。尽管该研究不适合对试图调整理论范围以尽快适应快速变化的城市/郊区世界的做法进行全面审查,但是杰米·佩克最近的一篇论文,通过在世界范围和世界历史背景中的比较,明确指出理论建构面临的一些重要难题。在文章末尾,他呼吁"在不断变化的领域展开持续对话,这是一场对话,而不是空间倒置或单向'纠正'的行为"(2015b:179)。然而,温哥华景观的特点是在郊区化地区突兀地出现人口密集的市中心(Peck,Siemiatycki and Wyly,2014),虽然佩克以此为基础展开研究工作,但他并未能清楚地认识到普遍的郊区景观对我们理解城市和城市理论的贡献(2015b)。

佩克并非孤军奋战。在沃克(1981)最初的干预之后,批判性城市研究,尤其是在政治经济方面的研究,并没有对郊区化给予足够的重视。这一研究即使关注了郊区化的某些研究方面,也未对其表现出丝毫兴趣。在这方面,后结构主义批判也没有做得更好(参见哈里斯对罗宾逊作品的解读[2010])。阿纳尼娅·罗伊在一部关于城市主义的著作中并没有明确提及郊区或者城市外围这样的词语。她的一篇发表于《区域经济》(*Regional Studies*)上的关于新地理理论的论文备受瞩目,其中好几处都提到了郊区和城市外围,但罗伊却从没有明确地把它们当作理论建构的基础。同样,佩克也在同一份刊物上发表了一篇后续文章,与罗伊的文章颇有一些交叉之处。当罗伊为城市研究的"世界化"提出充分的理由之际,她谈到外围:“城市的‘世界化’现在必须考虑多个核心和外围,更进一步是要注意全球南方出现的核心-外围结构。”首先,“外围”在她心里也许蕴含着不同的意义,但是实际上,这一说法可以被阐释为,在理论上和概念上以富有意义的方法打破核心-外围(或者更明确地也指城市-郊区)的静态关系。事实上,罗伊在其后期的著述中指出:“这是去中心的(城市)郊区理论的任务,它不仅要培养一种全球城市主义意识,还要关注这种全球性的地缘政治。这对于全球郊区主义也是紧迫之事。”(2015:345)

最后,区分关于郊区化的两种批判是有可能的。一种是系统批判,另一种是症候批判。系统批判把郊区化看作资本主义城市化进程引发的矛盾的衍生物,并在本质上与这些矛盾相互交织(Beauregard,2006;Harvey,2013;Smith,2002;Walker,1981)。症候批判在很大程度上忽视郊区化的系统性问题,而把郊区视作一个技术集群,可以通过改革和重建把它变成在经济方面具有适应性、在社会方面具有生产性、在环境方面具有可持续性的形式。第二个方面主要受到城市学家思想的影响(Gallagher,2013;Ross,2014;Sewell,2009)。就如在本书余下部分我们将时时提醒自己一样,一个研究者把郊区化和郊区主义(生活方式)作为(与资本积累、国家形成、新自由主义和种族化等产生的矛盾相关联的)系统、重要的过程和关联物来研究,还是仅仅把它作为(很容易被城市形态、社区经济和市民行为等控制的)症状的价值来研究,这两者之间存在根本的区别。

第五章　从莱克伍德到弗格森

本章的重点是两件事情。第一，揭示处于郊区研究的核心，尤其是北美洲的矛盾之一：郊区是特定阶层的人，特别是白人中产阶级的领域。矛盾之处在于，尽管郊区被认为是昔日所谓的“白人群飞”的收容站，但是（北美洲的）郊区比普遍认为的更加具有多样性。近年来对郊区多样性的“发现”可能更多的是对郊区空间政治和经济变化的一种表述，而不是关于在统计上可识别的外围人口构成的变化。它也将特权空间与排斥空间混为一体，混淆了关于日益增加的民族多样性的对话与种族化空间。有关郊区作为有色人种社群日益集中的地方的辩论引发了第一种关注。这被认为是“巧克力城市/香草郊区”的一种转变，就像一位观察家所言，一种范式“几乎已经完全分崩离析了”(Frey，2014)。

关于外围日益增加的多样性的辩论分化成两种话语：一种是在新兴族裔郊区移民经济体中看到机会(Li，1998；2009)，尽管这种机会总是与冲突相伴而来(Pitter and Lorinc，2016)；另一种话语是在一种危机、衰退和危险的语言中完成对郊区有色人种社区的构形。那些把多样性郊区化看成整体上城市变化积极结果的人，也常常把它看成是与外来非白人人口相关联的问题。人们正在达成的一种共识是，下一代“白人将不会驱动郊区发展”，这种共识常与以下观点有关联，即强调“随着郊区愈加贫困以及白人适应（或反抗）他们的新邻居，新的政治和经济挑战便形成了”（Capps，2015）。

第二，本章还要讨论现在郊区如何成为全球性与具体地方结合的空间。除了人们通常假定全球性所在的一些持续的集中性空间，全球性也会出现在郊区空间，但却以牺牲这些空间为代价。公共领域和学术界的这种辩论与前面关于郊区多样性的辩论有很大的交叉之处，因为两种辩论中都存在种族化和他者化过程。本章将通过外围对全球化经济的重要意义，以及外围社会人口的多样化，来探讨外围在定义全球化方面所起的作用。我所认为的中心性空间与全球化进程的毫无效果的结合激发了第二个需要关注的领域，这既包括全球北方（正如罗宾逊在 2006 年特地讨论过的），也包括地理意义上的大都市中心。

本章的题目表明，我们的旅程将始于一个真实和想象的简单空间，在此空间，郊区在阶级、种族和民族方面曾经是同质的。我们在这个辩论中把洛杉矶郊区莱克伍德作为一个象征性标志。莱克伍德位于洛杉矶南湾区，它是第二次世界大战后第一批大规模兴建的郊区中的一个。莱克伍德面向中（低）层阶级白人家庭，常常是退伍军人，这是一个象征着种族隔离同质性和统一性的地方（Waldie，1996）。

本章最后以密苏里州的弗格森作为概念和地理定位，讨论非洲裔美国人郊区。作为一个排斥少数族裔的地方，莱克伍德俨然是将白人与其他有色人种隔离的白人区，这是反黑人种族主义和绅士化的结果。圣路易斯特殊的郊区则与之形成鲜明的对比，2014年8月，年仅18岁的迈克尔·布朗在这里被一名白人警察杀害。以下是黛博拉·考恩(Deborah Cowen)和尼莫伊·路易斯(Nemoy Lewis)的描述：

> 由于圣路易斯及周边地区的绅士化以及人口驱逐，弗格森已经变成一个以黑人为主要人口的郊区——但是这种转变并没有反映在政治领导层和警察队伍中，这些部门几乎全部由白人组成。当地社会地理发生的转变不仅富有戏剧性，而且十分迅猛。从人口结构来看，1980年这里85%的人口是白人，而到了2010年，黑人人口已经占比69%。(Cowen and Lewis，2016，n.p.)

在莱克伍德和弗格森两地的路标之间的某些地方，我们可以开始了解(美国)郊区所展示的新的多样性。

全球郊区：郊区化的全球城市

当看见最重要的金融大都市，特别是西方国家的金融大都市被置于研究兴趣中心这一趋势时，蒂姆·帮内尔(Tim Bunnell)和阿南特·马林甘蒂(Anant Maringanti)叹息不已(2010)。他们说，这是以牺牲其他城市经验为代价的，而这些经验在概念和实证上都被遮掩了。两位作者强调，有必要将“多样性视为有争议的全球进程的组成部分”，并且我们需要“关注那些交错杂乱的思想传播途径，这些途径以一种不可忽视也不能简化为单向交通的方式将城市连接起来。在概念上达成这一想法并面对处理实际研究中不可预测的焦虑,这一过程需要多个地点的学者构建共同议程并展开协作研究实践”(2010:418)。特别是大多数全球城市被想象成中心性空间,它们位于全球北方,在文化意义上属于西方国家。然而,那些空间和地点的全球性大多位于大都市外围并汲取这些地区的优势。在有关全球城市化的辩论中,这些空间也额外历经了知识和方法论上的外围化。人们认为这些空间不如主要的全球经济网络空间重要。然而,长期以来,郊区一直在城市风格全球化中发挥作用,它值得更多的关注。我们需要应对中心城市和郊区之间普遍存在的差异,也要应对后者内部的多样性,包括各种不同的形态,如混合郊区、夹缝郊区和后郊区形态。郊区主义/生活方式包括诸如中心性/外围性、尺度、土地混合利用、人口特征、权力/控制、治理、出行模式、服务和便利设施等要素(Moos and Walter-Joseph,2017;Walks,2013)。如果一位研究者要把这些要素置于全球郊区生活方式中,那么他必须考虑这些要素深刻的本地化表现形式,同时也必须把它们想象成全球城市世界的一部分。

全球郊区,作为一种隔离的外围空间组织形式,并非新近才有的现象,而是伴随早期现代性和世界范围内的商业、经济、宗教和军事互动的扩张而发生的。尤其是自 15 世纪以来,资本主义都市化跨越大西洋,从欧洲传播到非洲,并向东方扩散。这也使得一些永久的聚落范围得以扩大,居住在这些聚落并已经适应它们的许多社群来自世界各个角落并且之前并无关联。其中一些聚落新形态就是“郊区”,其意义就是在空间上处于现有城市核心的外围;大多数郊区展示了我们今天与城市区域全球化联系在一起的两个方面:重要的中心经济功能与人口混合。位于日本长崎湾一个名为出岛的人工岛为我们提供了这样的历史实例。出岛大致存在于

1641年和1853年之间，在近代的一些描述中，这个呈新月形的岛屿是一个人口密集的地方，它是大江户时代与外部世界隔绝的日本统治者设立的，是人们从事进出口贸易的地点，当时的业务往来对象主要是荷兰，也有一些其他的欧洲列强。出岛出现在大卫·米切尔的历史小说《雅各布·德·佐特的千秋》(*The Thousand Autumns of Jacob de Zoet*,2010)中，作为一个中心地点而引起广泛关注。在这部小说中，出岛可以被解读为一个多层面的暗喻：它是一个各种文化交流和协商的地方；它也是一个早期经济全球化的中心；它还是一个国际关系规制和编纂的中继站。但重要的是，在我们这里的语境下，它还可以被解读为一个郊区化寓言：在传统意义上，这个岛屿的用途在于它接纳被从城市中心驱赶到外围的人，在这一案例中，位于海上的出岛是长崎的早期郊区，也是全球经济的基点。出岛附属于日本城市中心，是荷兰殖民贸易中的前哨，它已然被他者化，受到控制并且缺乏独立性。尽管如此，这个人工岛具有早期现代聚落特有的多样化功能结构，与中心城市和它所服务的城市国家相比，它更具有世界性和多样性。出岛的多样性和功能性反映出当今全球郊区的现实，即在世界上很多地方，郊区已然成为移民经济体和文化的中心。

在作为一个孤立郊区的出岛终结之后的一个多世纪，当日本和荷兰两国的关系发展为一种不同的后殖民关系时，在阿姆斯特丹东北部海域开辟出一片围垦地，在极为不同的情况下重演了多样性郊区化。福列佛兰"这座世界上最大的人工岛"(Tzaninis, 2016:20)，在过去整整一代人的时间里，成为阿尔梅勒郊区所在地。阿尔梅勒的设计秉承花园城市的传统理念，它被视作接受那些力求在拥挤的中心城市之外寻找生活空间的阿姆斯特丹人的地方。正如扎尼尼斯(Tzaninis)所说："过去几十年里，阿尔梅勒的特征总是变化不定，或者是住宅、尖桩篱笆和车库组成的典型郊区，或者是注重消费主义和‘智慧增长’的实验性建筑的城市风格。”(2016:20)最重要的是，阿尔梅勒经历了“这样一个郊区新型小镇前所未有的人口结构多元化”。目前，每年新迁入阿尔梅勒的人口中几乎有1/4是外来移民(Tzaninis,2016:70)。其结果是，或者说尽管存在这样的多样性，阿尔梅勒选区近期有20%的选民支持恐惧伊斯兰的自由党(Tzaninis,2016:21)。和几个世纪前的出岛一样，这个郊区岛屿是一个(后)殖民关系交流协商的空间，因为在使用轮船在日本海岸进行探索和开采的殖民地理学中，荷兰曾经是一个重要的参与者，而它现在则是一块吸铁石，吸引着众多离散社群，他们怀揣远大志向，借助种种移民途径来到阿姆斯特丹地区。和出岛不一样的是，阿尔梅勒并非一个自我封闭并受到严格控制的空间，在这个空间里，来自全世界的人在一个令人不舒服的狭小空间相遇，并且在一个由上天和社会地位统治的世界里决定自己的人生——米切尔通过小说中的主要人物雅各布·德·佐特生动地诠释了这一切，在一个束缚其浪漫梦想和职业抱负的世界，雅各布因为无路可走而苦苦挣扎。相反，阿尔梅勒是一个移民完成个体人生规划的投射空间。这是一个“多样性并存的地方：有家之人与单身人士、本地人和外来移民、自由职业人和体力劳动者、寻求庇护的人和拥有特权的中产阶级常常比邻而居，公寓房紧挨着家庭住宅而建，曼哈顿式的中心区在众多郊区住宅中隐约可见”(Tzaninis,2016:197)。然而，不论是出岛还是阿尔梅勒，它们都是处于动荡不安的后种族世界里的不确定空间中，它们都是有关郊区多样性和全球性主题的变奏曲，这是一个从一开始就存在的主题。

被创造的北美郊区

然而我们通常听到的郊区多样性的故事都是不一样的，这一点很少有例外（Gans，1967；Greason，2012；Kruse and Sugrue，2006；Johnson，2014；Nicolaides，2002；Richards，2012；Wiese，2004）。我们被告知，郊区化本身就是将人口从内城区社会先前高度融合的状态分离出来的过程。"白人群飞"这个术语是对种族隔离这一种族化过程的明确声明，借此，白人（此处暗指"中产阶级"）居民有意识地迁移，离开黑人（工人阶级）居民，在郊区定居下来。这种形态的同质性常常增强了人口同质性的印象。D. J. 沃尔迪是加利福尼亚州洛杉矶南部莱克伍德的居民，这里是世界大战后同质化郊区中最具代表性的郊区中的一个[①]，他描述了一些摄于20世纪50年代家乡建设阶段的航拍照片："这些黑白照片展示了地面上巨大而抽象的物体，它们带着一种满月的颜色……照片上显示的房屋框架，精确如蜂巢中一个个小格子，还有那些粉饰灰泥墙，脆弱如土里挖出的骨头。从空中向下俯瞰，这个地方的网格形状既美丽又可怕。"（1996：6）沃尔迪说，莱克伍德郊区网格（他指出这是工人阶级，而不是中产阶级）这种"可怕的"同质性使得那个时期的观察家们推断，"这个网格暂时缺乏关联，它仅仅是一种自我预言模式"（1996：6），他也哀叹"40年后，理论家和批评家也没有去关注这些网格的交集，或者没有计算它们之间利益的结合，这些虽然有限，但却是能够实现的，就像在购物中心租赁连锁店一样"（1996：6）。

---

① 此处为了效果，"同质性"角度显然被夸大了。赫伯特・甘斯（Herbert Gans）在他对莱维敦的经典研究（1967）中已经注意到郊区的多样性，莱维敦是一个与莱克伍德非常相似的郊区聚落。

1954年,莱克伍德成为继东海岸的莱维敦之后的第二个这样的郊区,不久以后,它成为郊区政治自治的新模式。此类模式的确为接下来的阶级和种族隔离创造了条件,这种隔离被证明是南加利福尼亚州很多长期不平等现象的根源。白人社区,往往是富裕的白人社区,就如霍克(Hoch)给出的极为恰当的说法,是"带有阶级烙印的私有化"社区(1985)。这种按照阶级和种族把社区严格隔离,并为20世纪70年代极为有害的税收倡议第13号提案①奠定基础的模式,实际上极具腐蚀性,并且最终导致社会财富在有色人种的工人阶级社区和中产阶级白人社区之间大量再分配。

预示全球郊区的郊区化城市

沃尔迪有关莱克伍德的生动描述也适用于另外一种针对洛杉矶郊区化的原创性和连续性叙述。莱克伍德的开发者"计划建设的并不完全是一座城市"(1996:4)。洛杉矶一直以来建设的就是郊区,尽管在某种意义上不是在现有城市中心之外发展的郊区:自19世纪80年代以来,洛杉矶的城市就以学者和其他观察家最终命名为郊区的方式爆炸式发展(Warner,1972)。在20世纪20年代,这座城市就已经挑战了城市意义上的所有边界。它一直以来都是郊区,这一点在它存在的最关键时期得到真正的体现,在那个时期,它以未来城市形态和社会结构的模式为人所知,而不再被认为是一种反常现象。过去20多年里,洛杉矶学派及其追随者们不仅把郊区风格当作一种值得关注的现象来谈论,他们还认识到郊区对这座城市,也许对大多数城市的组建方式的核心意义。在此

① 第13号提案(Proposition 13)指的是美国加州于1978年通过的旨在降低财产税的州宪法修正案。——译者注

意义上，莱克伍德不仅是一个分离和同质性的象征空间，它也具有将差异以新的方式空间化的可能性，或许它也是对我们今天所经历的如马赛克一般纷繁复杂的后郊区多样性的一种预示，扎尼尼斯把这种多样性称为"万花筒式的郊区"(2016:20)。

20世纪60年代，当烟雾令人难以忍受，当美国和世界认识了一个一度闹哄哄的名为沃茨的郊区——当著名的类公社组织"曼森家族"的领导人、连环杀手查尔斯·曼森手下的黑帮团伙谋杀女星莎朗·塔特及好莱坞山和卢斯菲利斯其他人士时——洛杉矶无处不在的多样性乌托邦的预告，第一次以最显著的方式呈现在世人面前。也正是在这个时候，安东尼奥尼(Antonioni)制作了电影《扎布利斯基角》(*Zabriskie Point*,1970)，影片通过描述"逃离洛杉矶将总是让我们回到这座城市这样一个恶性循环"，向观众介绍了无边界的城市区域(Keil,1998:40)。最著名的一个局外人是雷内尔·班纳姆(Reyner Banham)，他注意到那时候的洛杉矶不只是一个怪异的地方，更是一个城市形态和功能的引领者。班纳姆受到先于他半个世纪之前的另一位各处游历的观察家的极大影响，那就是德国地理学家安东·瓦格纳(Anton Wagner)。瓦格纳对洛杉矶进行了细致入微的研究，并写成《洛杉矶，南加州一座拥有两百万人口的城市》(*Los Angeles, A City of Two Million in Southern California*,1935)，该书为接下来有关城市化类型的修正主义思想奠定了基础，并为20世纪做好了准备。就其自身而言，班纳姆的著作《洛杉矶：四种生态的建筑》(*Los Angeles: The Architecture of Four Ecologies*,1970；也请参见 Fontenot,2015；Marshall,2016)革新了人们看待郊区景观的方法：人们对郊区景观的蔑视和判断被对它的好奇心和阐释所取代。驾车行驶在高速公路上成为一种更加常规化的城市活动，生活在郊区不再是一种社会病态，而是整个大都市体验中的一部分。

20世纪80年代，洛杉矶学派开始积极地抵制这一领域的中心主义传统，这件似乎使一些受过芝加哥学派保守训练的城市研究学者深感震惊的事情，其实并不是什么新鲜事。早在20世纪60年代，就连漫不经心的观察家也认为，城市已经演变成为一种持续进行的真实的生活实验，这是关于在完全汽车化的社会，如何促成人们能够，并且将常常共同生活在城市空间的实验。1969年，一家法国电视台播放了一部名为《解剖洛杉矶》(*Anatomy of Los Angeles*)的短片，影片对于洛杉矶如何昭示城市未来做了重要的观察，并以法语画外音将此呈现给观众：

> 在这个王国的下方，点缀着另外一座城市，它时而喧嚣繁忙，时而轻声细语。这是一座蓝色的扁平城市：洛杉矶。这座城市被分裂成很多工人阶级区域，彼此之间不相往来，里面的居民一起生活，却从未谋面。这座城市像楔子一样嵌入沙漠和海洋之间，不断遭受威胁，起伏的心脏被撕裂、迁移——因为沙漠的存在而失去它的中心。洛杉矶的表面面积是比利时的一半。洛杉矶人愿意相信他们生活在未来的城市里，但是它更是一个过去时代在今日的化身，因此，一旦郊区开始发展，它便不知不觉地掏空我们的城市。如果你想要知道不久之后巴黎、伦敦甚或是莫斯科郊区的样子——它们将出现什么问题，等待人们、威胁人们的将是什么——那么，你必须去一趟洛杉矶。它是一个非常真实的城市实验室。你会感觉这个城市的所有地区突然之间就建成了；其他的则被推倒并重建。这片原始的沙漠就像一块黑色画布，仿佛有人用一支硕大无比的画笔在上面一挥而就各种聚落草图，但旋即直接抹

去。但这并不仅仅是关于一堵堵墙壁的，而是关于人口的实验，这些人尝试一种存在方式，随后再转向另一种，就如演员从一个角色变换到下一个角色。没错，它就是一个人口实验室[①]。

这里值得注意的有两点：第一点是这篇短文用令人惊讶的准确性勾勒出城市的郊区特性，以及这种特性对中心性和去中心性辩证逻辑产生的影响；第二点是这篇短文冷静而自信地预言洛杉矶这种无固定位置的非中心性很快就会成为"巴黎、伦敦甚或是莫斯科郊区"的共同特征。这种大胆的言论在当时一定是不可接受的，因为所有这些城市都是向内看的，尽管事实上它们都在积极向外扩张。但是世界范围内的城市化标准一度由一个沙漠边陲小镇的蔓延式扩张所决定，这种想法对大多数人而言是难以想象的。亨利·列斐伏尔是20世纪60年代和70年代城市理论巨头中最重要的人物，他在20世纪80年代参观了这座城市后指出："（洛杉矶）拥有一种令人着迷的非凡之处。你身处其中，但又感觉自己时时处于这座城市之外。穿越了连绵起伏的群山之后，你仍然还在城市中，但是你是什么时候进入，又是什么时候离开这座城市的，你对此浑然不知。"（Lefebvre 1996；引自 Keil，1998：50）

将出岛和阿尔梅勒置于荷兰殖民主义历史中，莱克伍德置于洛杉矶的城市/郊区主义的地理中，使得我们能够提出关于连续性

① 《解剖洛杉矶》（*Anatomy of Los Angeles*），法国电视节目《观点》（*Point*）中的一部分，该片既对洛杉矶展开了批判性的剖析，又对它进行了诗意的描述。这是一座蔓延的城市，其间汽车是王者，数百万人生活在一起，却从未谋面。在这部纪录片里，几位学生、一位法国厨师、作家亨利·米勒（Henry Miller）和诺曼·梅勒（Norman Mailer）回顾了这座城市积极和消极的几个方面。

和变化性的辩证逻辑，也就是郊区同质性和差异性的辩证关系。在成长过程中，我们都经历过各种各样的郊区梦的破灭，不论是我们随家人定居在城市外围时亲历过；还是我们生活在别的地方，但是却在孩提或青年时代的肥皂剧中，看到电视呈现给我们的不同版本的郊区。D. J. 沃尔迪直截了当地告诉他的读者："你和我都在这样的街区长大，它们曾经是房屋和田野纵横交错的地方，但很快就被更多的房屋填满。"(1996:3)

莱克伍德的一致性和统一性神话建立在一种特定的缺乏远见的观点上，我们会在后面有关郊区基础设施的章节里更加深入地讨论这一点。在很大程度上，郊区被认为是单一而缺乏联系的。与其说它们的"纯粹"和"隔离"是其现实的表征，倒不如说是一种意识形态表现。事实上，它们的功能依赖于一种复杂的商业和工业景观，这种景观常常遮蔽了所谓的同质性住宅郊区形象。郊区生活相互交织的新陈代谢被隐藏在分离的表象之后。然而，就像我们将看见的，事情已经发生了变化。

郊区重塑

最近，我们已经看到，虽然这一过程非常缓慢，但我们认为仍可以在郊区找到的所有好东西——适合步行并随处可见骑自行车的孩子的胡同、绿色自然，还有自由出行等等——全都变得面目全非。一旦它们被看成是中产阶级欲望的景观，这些单调的、汽车交通的单一文化领域，很快就引起"城市规划"设计师和学者的注意。在最好的情况下，他们认为这些地方是索然无味的；而在最糟糕的情况下，他们认为这些地方是病态的。但是它们也成为郊区青年和本土艺术家之类的人无聊时嘲讽的对象和创作素材。1982 年，在郊区建设繁荣的鼎盛时期，加拿大摇滚乐队 Rush 以呼唤郊区"几何秩序"和"预先决定的未来"的方式，把这一切写进歌词。它们"隔离的边界"反映了郊区自身的外部和内部边界，而这理应成为它们独特魅力的一部分。但是一切都无法控制，外围已经完全改变了。

倒置的郊区

艾伦·埃伦霍特认为，美国的城市内城在历经数十年的衰落、犯罪率和贫困率不断上升之后，正在部分复兴，而郊区，不论是内部还是外部，成为各种新型贫穷和多样性的场所(2012)。承认或者发现美国郊区日渐加剧的贫穷是一种多重叙事，其中统计资料与城市-郊区分歧的各种概念重建形成竞争态势(Pooley, 2015；Semuels，2015；Vicino，2008)。贫穷的集中存在被认为是城市和郊区的致命问题(Kneebone and Nadeau，2015：15)。在美国郊区的人口普查区域，贫穷以及极端贫穷现象增长异常迅猛(Kneebone and Nadeau，2015：29)，"在这些区域，截至 2005—2009 年，生活在极端贫困社区的居民人数与 1990 年的数据相比，增加了 1/3"(Kneebone and Nadeau，2015：35)[①]。然而，家庭贫困和人口贫困常常与一些诸如"贫困邮编区"或者形态上的"垂直贫困"之类的空间概念相混淆，后者常指(郊区)高层建筑街区[②]。把城市地区的一些区域划分成贫困区，根源于城市社会学家在人类生态学传统和国家的统计合理性方面做出的早期努力。的确，直

① 然而重要的是，一些人已经指出，即使与最边缘化的有色人种郊区社区相比，内城的贫困也更加严重(Lewyn，2016)。

② 这两个概念都是由"多伦多联合之路"(the United Way of Toronto)大张旗鼓地提出的，目的在于指出多伦多城市近郊日益上升的社会需求(2011)。

到最近，在大都市地区外围寻找“贫困的”或“衰败的”居民区仍然是不太常见的，甚至在加拿大也是如此，在这里，特别是在高层建筑型街区，大量郊区化现象立刻引起了人们对社会问题的关注。除此之外，就如我们在从东欧到法国和加拿大的很多场所观察到的那样，在有关福利国家和现代主义城市规划的失败的叙事中，有时候在关于政府监管或启动穷人住房计划的尝试的叙事中，郊区塔楼街区形态发挥着重要作用。在多伦多，郊区塔楼“高高矗立着，成为近郊贬值的大规模表现：这些塔楼看上去毫无生气、陈旧过时、亟需更新”(Poppe and Young，2015：616)。于是，在多伦多，近郊作为持续的、长期和日益恶化的家庭贫困的地点被挑选出来，也成为基于地方政策，以纠正大规模社会空间两极分化错误的目标地(Hulchanski，2010；也请参见 Ley and Lynch，2012)。

2000 年代早期，美国郊区的人口结构与 20 世纪 80 年代的中心城市大致相同(*The Economist*，2008)。郊区“不再是家庭收入相对较高、教育水平较高和没有任何问题的拥有住房者、非西班牙裔白人的地方，也不是本地出生人口占据较高比例的地方”(Anacker，2015：1)。在美国和加拿大的个别城市，以及越来越多的欧洲城市，日渐增多的个案研究表明郊区多样性正在加重这一现象。具有深远影响的对国家的定量研究(如 Kneebone and Berube 在 2014 年，Kneebone and Nadeau 在 2015 年所做的研究)让人们对郊区出现的精细的社会经济分异有了更好的理解，也激励人们对社会衰落的脆弱等级进行分类，比如全美国的行政管辖区按层级分成“快速发展”“勉强应付”“处于风险中的”以及“令人担忧的”郊区(Kneebone and Berube，2014)。但是一些观察家也发出警告，告诫我们不能期待在新的多样化郊区看到过多的组合和多样性：在其他地方困扰美国的种族隔离模式在城市外围依然十分明显。约翰·洛根(John Logan)对美国大都市地区长期的人口变化进行了系统研究，在此基础上，他指出"郊区多样性并不意味着位于郊区内的街区是多样化的"(2014)，并且"旧的城市不平等形式正在郊区重现"(Badger, 2014)。例如，这影响到黑人中产阶级，他们在抵达郊区的时候，经历了以利亚·安德森(Elijah Anderson)所说的"种族再隔离"(2015)。

有关新的郊区贫穷的讨论，应该放在人们认识城市的方式发生一种话语转变这样的语境之下。郊区曾经一度被看成是很多城市的社会、卫生、环境和文化问题的解决方案，现在却由于它们的形态或者设计，有时候由于生活在其中的人的原因，被认为是出现问题的地方。在这样的语境中，一个非常流行的典型观点是郊区"不是为穷人而建的"："单户独栋住宅集中在由沿街购物中心和大型购物中心提供服务的胡同里，通勤到市中心或者郊区办公园区的工作为这里注入活力，由此形成以汽车为中心的文化，围绕这种文化设计，郊区……一直在努力应对人口密集、交通拥堵加剧，以及 2008 年经济衰退导致的中产阶级就业岗位减少，而正是这些因素使之成为可能。"(Burns, 2014)甚至在 2008 年经济衰退全面爆发之前，认为贫穷人口应迁移到郊区的想法达到高潮，鉴于郊区新建住宅区内大量房屋贬值或者遭到遗弃，郊区生活的可行性越发遭到质疑。克里斯托弗·莱茵贝格尔(Christopher Leinberger)在《大西洋》(*The Atlantic*)2008 年 3 月刊上发表的一篇文章为我们敲响了警钟。这篇文章推断，尽管我们承认近郊的种种特殊问题，但"未来大部分衰落可能出现在城市边缘地带，这些地方远离中心城市，没有城市轨道交通，缺乏真正的核心"(2008:73)。在从前的单户独栋住宅区里出现了出租公寓，甚至城市远郊外围的房子里挤满吸毒人员和流浪人群，这样的形象在美国梦核心中的道德恐慌话语中并不少见(2008)。就如亚历克斯·沙法兰所指出的,有关郊区贫困的话语本身就存在问题,因为“评论家们已经开始使用带有贬义的城市语言,一代又一代的美国人已然习惯了这种语言——贫民窟、荒芜、隔都——并开始使用这样的语言来评论郊区”(2013:130—131)。在批判“贫民窟郊区”语言时,沙法兰认为,正当大多数学者开始看到后郊区景观的连续演变时,这种“分析”却还在传统的城市和郊区二分法中运作:“研究郊区贫困和都市边缘地带更深层次的结构性问题的学者,应该警惕‘郊区衰落’这种概念。我们常常不假思索地用一种方法来定义一个地方的衰落,也就是以谁生活在那里,甚至更糟糕的是,以谁迁移到那里为基础来进行定义。”(2013:143;也请参见 Hesse,2015)

让郊区变得多样化

尽管关于“大反转”(Ehrenhalt,2012)的讨论未必是一种全新的现象(Bloch,1994;Harris,2013),也肯定不如在欧洲、加拿大或者城市外围一直更为混杂的全球南方一样重要,但是这也导致了一种现象,无论是在民族文化还是社会经济方面,人们对新的郊区多样性表现出越来越浓厚的兴趣。日渐增多的文献采用从定量分析(Anacker,2015;Hanlon,Short and Vicino,2010)到人类学研究(Cheng,2014)等各种方法,开始对那些多样性进行探索。李唯(Li)在其关于族裔郊区的作品中,探讨了在洛杉矶和多伦多这样的城市中移民社区的多样化经济和社会结构(1998;2009),至少自那时以来,社会科学中就出现了认识郊区的文化多样性的转向。例如,在多伦多,我们在其他地方观察到“一种新型飞地正在这些族裔郊区中形成,在这样的飞地中,新的公共结构显而易见,它们常常拥有宗教制度的背景，但也与特定的工业和劳动力市场部门相关联”（Allahwala and Keil，2012：125）。我们现在正进入一个大多数郊区都是少数民族郊区的阶段。玛格丽特·克劳福德在最近一篇关于郊区趋势的总结中，甚至假定“差异实际上可能是郊区的典型特征，而一直属于郊区的同质性却不是。事实上，目前，在对传统观念的颠覆中，城市正变得更加同质化，而郊区却变得更加多样化”(2015：382)。

郊区内部的景观对于维护郊区生活方式极为重要，正如以地块大小、税收制度和封闭围墙保证周边的安全一样。我们在内部需要就近而非远距离地调节冲突：“在郊区，一种易管理的生活取决于邻里契约，这种不成文的规定是一种诚实的伪善。”（Waldie，1996：20）温迪·程（Wendy Cheng）在研究了与沃尔迪的莱克伍德不同时代的南加州郊区后认为，那个地区居民的“当代”生活历史“挑战了白人、郊区和美国构成的陈旧的三位一体——这既是我们可能认为的其中每一个词语的含义，也是三者相互之间的简单合并”(2014：21—22)。程基于自己的研究得出的结论是，在洛杉矶以东的圣盖博山谷，“(她书中的)声音使得美国长久以来树立的白人郊区国家在文化、意识形态和政治方面的自我形象发生动摇，这一形象曾经对于人们形成假定的阶级、种族和民族身份的条件和条款产生了重大影响”(2014：22)。对一直以来居住在洛杉矶地区东部郊区的亚裔美国人和拉丁人社群，程看到起作用的是“差异化空间的道德地理”(2014：197)，这表明了与最初莱克伍德的分离模式不一样的人类生态。在圣盖博山谷广阔的郊区，像三明治一样夹杂在房产市场上的白人特权和反黑人种族主义之间，“亚裔美国人和墨西哥裔美国人利用了市场提供的不同的住房选择”。在中国新移民形成的“族裔郊区”出现之前，这曾经是部分的多元文化区域。一直以来，这些郊区受到各种定义和划分美国社区的竞争性种族化话语的挑战，久而久之，它们成为强烈要求重新定义人们认定的肤色界线的地方，这些肤色界线决定了该地区或者整个国家对有色人种的排斥。

国际都市多伦多：从士嘉伯利亚到棕色镇

多伦多的流行组合“裸体淑女合唱团”(Barenaked Ladies)的歌手布鲁斯·库克本，发行了流行情歌专辑《危险时代的恋人》(*Lovers in Dangerous Times*)，这张专辑的封面令人难忘，其背景被设定成萧瑟冬天里的士嘉堡，这绝非偶然。士嘉堡位于多伦多东郊，是建于第二次世界大战数年后的郊区，最初的主要居民是工人阶级家庭，他们都在像黄金海岸这样的综合体中工作，因为这些地方拥有处于上升中的工业经济的福特制工厂和流水线。这些人中大多数是欧洲移民，居住在平房和高层公寓里，他们的生活接近于凯恩斯增长经济的理想状态，拥有安全稳定的工作，加入了工会，很多人还拥有自己的住房。随着福特式大规模生产时代终止以及工厂倒闭，这个地区经历了社会经济和人口变化。当良好的制造业工作岗位消失时，取而代之的大多是较低工资、较低保障，通常是零售业、餐饮业和其他部门的兼职服务性工作。自世纪之交开始，大部分新移民都来自非欧洲国家(*The Economist*，2016)，他们大量涌入租赁公寓和相对便宜的平房，也为全球化的多伦多提供了服务业劳动力。多伦多郊区的吸引力成为落脚城市故事最重要的背景(Saunders，2011)，也成为引起该地区城市研究学者强烈兴趣的主题(Ahmed-Ullah，2016；Poppe and Young，2015)。这一研究工作既依赖也超越了这种典型方法，即将移民郊区视为法国郊区(banlieue)的复制品以及流离失所的隔都的一个版本(Dikeç,2007;Enright,2016;Wacquant,2008)。也许最重要的是,这些发展妨碍了传统上对加拿大城市主义固有的多元文化主义和多样性概念的使用。就像杰伊·皮特(Jay Pitter)在她的一部有关该主题的批判性新作的引言中告诉我们的,我们已经进入了一个"超多样性"时期。在政治上,这意味着一种"交错性,(它)要求我们承认我们的城市在多样性环境中的多样条件下,包含多样性,它们是极其复杂的地方"(Pitter,2016:9)。在那些新近变得复杂化的郊区,"昔日凸显的少数族裔如今却成为这里的主要人口"(Ahmed-Ullah,2016:242),布兰普顿城便是其中之一。它位于城市地区的西北角,容纳了差不多60万人口。2011年,这些人口中超过35万是来自少数族裔人口。诺琳·艾哈迈德-乌拉(Noreen Ahmed-Ullah)将这种地方戏称为"棕色镇""布拉姆国"或者"锡克山谷"。这些名称反映了在这些发展迅猛的郊区,主要居住人口及其中的主要劳动力都来自南亚,预计到2031年这里的人口将增至84万。有关布兰普顿未来的辩论中包含这样一个问题,即一个地方拥有40%的南亚人,会不会最终导致将来强迫集中居住和飞地的出现。但是现在只能给出一些推测性答案,尽管如此,一个新时代已经开始了。艾哈迈德-乌拉继续说:"不论布兰普顿是不是一个隔都,仅仅这个标签,就是一个不祥的标志。它所提出的尖锐问题是,一直以来在城市安家落户的移民,从根本上重塑着城市,那么城市的未来又会是怎样的呢?"(2016:244)对于艾哈迈德-乌拉而言,这些尖锐的问题或许有着各种各样的答案,无论是什么答案,这都会导致更多隔离或者更多的政治权力。但是有一点很清楚,如果我们想要理解加拿大郊区,或者就此而言,理解今天的加拿大城市,我们最好从发现布兰普顿、米西索加或者麦城的城市外围开始，它们全是拥有大多数“凸显的少数族裔”人口的郊区自治市。在关于加拿大移民和郊区化的另一种叙事中，包含着对我们所渴望的郊区的描述，这种描述充满希望，与美国多元化工人阶级郊区形成的衰退、腐朽、异常和暴力的说法形成鲜明对比。然而，这种叙事的引言，是由另外一支加拿大摇滚乐队书写的。

通往弗格森之路

2010 年，几名蒙特利尔独立摇滚乐手组成的乐队“拱廊之火”(Arcade Fire)，发行了名为《郊外》(*The Suburbs*)的主题专辑，其特点是描绘了城市外围显而易见的黑暗景象。在他们的主题歌中，未来是“战斗/在一场郊外的战争中”。斯派克·琼斯为这张概念专辑制作的视频，在“拱廊之火”十分欢快的音乐中呈现出一种完全反乌托邦的背景。琼斯想象出内战和威权国家行动的意象：轰隆隆的坦克碾压过枝叶扶疏的街道。除了在对郊区景观激进的批判中，处于或作为一种紧急状态的郊区并不常见，例如迈克·戴维斯对 20 世纪后期洛杉矶的令人沮丧的描述，尤其是 20 世纪 80 年代和 90 年代，在这座城市的多样化郊区，由种族歧视引发的警察虐打有色人种青年事件(1990)。琼斯的视频所表现的把资产阶级乌托邦转变成被占领领土的反乌托邦，是白人中产阶级青年经历的一种例外状态，但就此而言，对于那些在洛杉矶和多伦多之间，在芝加哥和纽约，或者巴黎、法兰克福、里斯本或伦敦之间的近郊非白人社区长大的孩子们来说，这却是一种恒久的现实。

最近，非裔美国青年迈克尔·布朗遭遇弗格森警察枪击身亡，这一惨剧引发了数天的游行抗议活动，并在全国和世界范围内引起极大震动。从这起事件中，美国人以及全世界的人们都能够看到，这种关于郊区“变坏了”的虚构故事预示了真正的郊区发展。我们也看到，在虽已被损毁但尚可辨认的二战后的郊区街道上，军事化的警察部队使用经受了战争考验的装备对付自己的市民。自迈克尔·布朗枪击事件之后，弗格森这个密苏里州圣路易斯的郊区就受到密切关注，有人说它展示了一种新型郊区，这种郊区更具有多样性，更加贫穷，也更少被自我控制的边界或生活方式的偏好定义，而这种定义过去却一直是郊区被定义的普遍形象的一部分。2014 年夏天，弗格森作为一个进入人们集体意识的地方，它的故事揭示了美国和普通大众中有关美国种族地理的一个重大盲点。例如，已经目睹了几代人以来种族化人口郊区化的法国、英国或德国的观察家们，不可能对迈克尔·布朗谋杀事件之后发现的问题视而不见[①]。

正如他们在 1965 年所做的，当洛杉矶沃茨郊区在全国引起轰动，所谓的洛杉矶白人走上海港高速公路，看见他们以前没有注意到的隐形隔都，实际上，贫穷的非裔美国人的确生活在大都市的边缘地带，主流（白人）媒体和公众对此深表惊讶。即使是像皮特·德雷尔（Peter Dreier）和托德·斯旺斯特罗姆（Todd Swanstrom）这样的自由主义（和批判性）评论家，在看到城市外围的悲惨景象时，也感到惊讶和愤怒：“弗格森是郊区，更确切地说，是郊区隔都。今天，这个国家的 4600 万贫困人口中，大约 40%生活在郊区，而在 1970 年，这个数字只有 20%。这些社区（通常是内环郊区）一旦与大城市相关联，就会受到各种问题的困扰：失业（尤其在年轻

① 然而无可否认，即使在那些拥有悠久的福利历史、普遍的住房政策的核心福特主义欧洲国家，其主要城市和小城市外围都修建了补贴性住房，但由于内城绅士化而导致的人口从城市中心被驱赶到外围地带这一新趋势，现在也成为一个政治话题，或者至少是一个规划的话题（参见 Frank，2008）。

人中)、犯罪、无家可归以及学校和公共设施缺乏等等问题。这些社区的黑人和拉丁美洲人是不成比例的。"(2014)"隔都"这一术语从传统的内城区域向城市外围即时的无缝话语转移,就如预言弗格森是困扰美国大都市的更大"问题"的"缩影"一样令人不安。德雷尔和斯旺斯特罗姆将政治表征和系统性贫穷分开,为政策制定和行动方案提出一系列建议,这些建议也许可以帮助像弗格森这样的地方重新振作起来(2014)。

当然,对于已经在郊区生活了几十年的非裔美国人而言,当谈到种族化隔都时,这种令人惊讶的叙述让人难以接受。而对于那些目睹非裔美国人迫于邻近市中心社区的绅士化和白人人口增长压力而离开城市中心的人来说,这种说法并不是什么新鲜事。在美国很多大都市,一些从前黑人占据大多数人口的城市一直都在榨取黑人居民的血汗(Saunders,2015)。但要进一步说明的是,本章的目的并不是要研究美国跨越大都市的人口迁移的统计细节,相反,我们在此关注的是与"类似于弗格森"的地方相关联事件的有关话语。

另一个"类似于弗格森"的地方就是康普顿,这是一个正好处于莱克伍德北面的洛杉矶郊区。在这里形成的另一种关于郊区身份的不同话语已经流行了一代人的时间。康普顿是美国最贫穷的郊区之一,一段时期里,它成为无与伦比的嘻哈音乐世界总部。1988 年夏天,当说唱团体 N. W. A. 卖出 50 万张《冲出康普顿》(*Straight Outta Compton*)专辑唱片时,这个被世界遗弃的社区里掀起一股彰显自我风格的反抗浪潮。公共身份的创建通过明确的反现行秩序态度得以实现,这种态度以直接露骨的现实主义风格表现出来,运用无可置辩的资本主义销售策略推动整个康普顿营销行业。康普顿的说唱歌手们认可一种表面上直接的表现现实和真理的方式，以此表达康普顿的地方身份。这种现实策略的目的在于将处于完全边缘化和犯罪化境况中的康普顿呈现出来。尽管其他州的郊区以创新、稳定和成功为亮点来推销自己，康普顿的全球音乐市场经销者们的营销策略却是将这里作为一个飞车枪击之家向全球推销：*It's the Compton Thang*。

在N.W.A.之后一代人，一名来自康普顿的新艺术家，肯德瑞克·拉马尔（Kendrick Lamar），在一首与N.W.A.说唱团成员德瑞博士合唱的歌曲《康普顿》（*Compton*）中，对这一宝贵遗产进行了反思（2013）。拉马尔认为，虽然康普顿仍然是一座不同于其他地方的城市，但国际嘻哈音乐的巨大成功，在很大程度上应归功于这个地方。在肯德瑞克·拉马尔的新康普顿时代，郊区变成一个虚构的现实，它包含了嘻哈音乐这种艺术形式的所有（现在作为样本的）梦想和噩梦；郊区也变成了一个新的市政现实，在这里，大多数非裔美国人郊区掌控着共同的"遗产"，它是支持奥巴马政府连续执政的力量，也是阿拉梅达走廊重要的郊区铁路基础设施和横贯南湾的蓝线捷运之间的一系列新纽带。这里自我确认超越了传统的表征概念，尽管系统性贫穷仍然继续存在①。

再回到弗格森，从一个更具批判性的视角来看，我们可以对非裔美国人的郊区化进行另外一种更加尖锐的叙述。在把自己置于一种更加激进的有利位置时，考恩和路易斯认为，"黑人郊区化的出现在很大程度上是对内城街区的绅士化和接踵而至的黑人的流离失所的一种回应。在像密苏里州弗格森这样的地方，这是地缘政治经济最显著的特征"（2016）。考恩和路易斯不仅指出非裔美

① 美国黑人作家保罗·比第（Paul Beatty）的小说《出卖》（*The Sellout*，2015）辛辣地讽刺了洛杉矶地区内陆非裔美国人郊区这一概念。小说描述了对狄更斯的"农业隔都"居民的无情剥削。

国人的弗格森问题根源在于绅士化,他们也指出,作为反黑人种族主义根源的帝国地缘政治有着悠久的历史(也请参见 Keil,2007)。与德雷尔和斯旺斯特罗姆形成对比,这些作者对"隔都"概念提出质疑,而不是简单地把这个有争议的术语运用到黑人郊区。

最后,再回到我开篇把莱克伍德作为一个安全空间的代表的时候,20 世纪 50 年代,白人工人阶级乌托邦不仅与真实的内城,也与内城这一思想本身隔绝,弗格森这个黑人郊区一点也不安全:"密苏里州黑人郊区的治安动摇了郊区安全的神话,这一点表明,当感觉到黑人郊区化对与白人紧密相连的郊区空间造成威胁时,警察的暴力甚至可能更加严重。这一时刻的不同之处,显然不是警察暴力镇压那些已经被想象成对社会秩序和/或者资源构成威胁的黑人。国家内部的暴力发生了一系列变化,变得更加精确也更加分散,如今这种暴力是通过市政府与城市空间的金融化而实施的。"(Cowen and Lewis,2016)

黑人郊区化并不是全新的,并且也不是"隔都"的地理移植,尽管我们普遍认为白人移民能够离开贫民区而非裔美国人只能受困于种族界定地区(Philpott,1978),这些地区附属于郊区空间,比如从前的农业州新泽西州的一些地区(Greason,2012)。事实上,非裔美国人的郊区化也遵循同样的发展模式,这种模式一直把他们限定在聚落空间的边缘:这里是危险而脆弱的低地,是位于主要基础设施之间并靠近有毒或有害设施附近的地区,"在白人不会,实际上也无法居住的危险土地上,黑人定居者们设法让这块对他们不友好的土地变成可以居住的地方。"(Newkirk,2015)普利多(Pulido)认为,"郊区化可以被看成一种白人特权形态,因为它使得白人生活在便宜和干净的居住环境里"(2000:16)。这些过程包括伊莱恩·卢因奈克(Elaine Lewinnek)在她关于芝加哥的郊区化的书中所说的“白人的抵押”:对白人工人阶级社区的房屋的保护是将它们作为经济资产,在一个受到繁荣资本主义冲击的城市,其部分“回报”是通过种族化和等级化空间重新分配经济财富(2014)。正如比尔·萨维奇(Bill Savage)在他对卢因奈克论著的评论中指出的,这一过程兼具暴力性和系统性,“由于种族主义的房地产契约和暴民所施行的暴力使得非裔美国人受困于黑人聚居区,过度拥挤造成了荒芜和贫民区的境况,这一点成为白人不让黑人在他们的社区买房的正当理由”(2014)。在其他事例中,如在洛杉矶,白人工人阶级最初因在工业郊区工作并居住于附近区域而获益。在后来的数十年中,当这些郊区变得“成熟”了,有色人种开始定居在这些地区,而这些地区常常受到与过去工业历史有关的复杂环境问题的影响。因此,我们可以再补充一点,黑人的郊区化也是长期以来白人特权空间化过程的产物,这是因为当白人工人阶级家庭从内环郊区搬离到更远的地方时,这成为“种族演替”的一部分(Pulido,2000;2015)。这种空间化产生了长期的影响,它影响了民权运动以及该运动之后的政治,因为在第二次世界大战后,白人身份和郊区化合二为一,并且阻碍了黑人中产阶级的形成(Greason,2012)。与这种构成美国城市和郊区种族化布局的物理空间化相对应的是,社会空间被隔离成白人空间和黑人空间,这两种空间由与肤色有关联的社会地位划分出清晰的界限(Anderson,2015;也请参见 Simone,2016)[①]。更进一步说,尽管房屋所有权通

① “旧的种族主义创造了隔都。民权运动打开它的大门,一个新的黑人中产阶级出现了。但是源自标志性隔都的象征性种族主义仍然阴魂不散,因而当黑人艰难地走过白人的空间时,他们渐渐地被污名化。”(Anderson,2015)

常被认为是新移民社区融合的重要途径，但是美国“政治文化对房屋所有权的自由市场的观点”(Freund，2016)造成非裔美国人进一步被隔离，他们被限制在那些白人认为不理想的，并且提供不良抵押贷款的空间。我们再次看到，这种种族歧视具有系统性，因为“在20世纪的大部分时间里，种族歧视都是美国城市和郊区的设计、开发、市场营销，甚至融资中不可缺少的一部分”(Freund，2016；也请参见Desmond，2017)。就如德雷尔和斯旺斯特罗姆所怀疑的，排斥非裔美国人及其郊区化行动都是由公共政策组织和推动的。一篇关于迈克尔·布朗枪杀事件后续的报告列举了一些关键的公共政策：

> 在圣路易斯，这些政府政策包括分区规则，将白人街区划分成居民区，黑人街区则划分成商业或工业区；种族隔离公共住房项目取代了一体化低收入地区；郊区开发联邦补贴以排斥非裔美国人为条件；房契和街区条约的联邦和地方要求及其实施，禁止将白人拥有的房产重新售卖给非裔美国人，或者让他们居住；税收政策偏袒实行种族隔离的私人机构；市政边界线的设计旨在分隔黑人街区和白人街区，并且拒绝向前者提供必要的服务；对于有时候要求实施种族隔离的房地产、保险和银行监管机构的容忍；以及城市更新计划，其目的在于将圣路易斯之类的城市中心的黑人人口转移到弗格森之类的内环郊区。(Rothstein，2014：2)

在罗斯坦(Rothstein)看来，上述及其他一些公共政策的影响广度，就如那些监管劳动力市场的政策一样，不会让弗格森继续

“作为一个尴尬的孤例”,而是需要被视作“对其所在国家的反映”(2014:2)。从莱克伍德到弗格森,其间并非直线式道路,而是郊区景观网络,这一景观网络现在带着从上海到伊斯坦布尔,再到约翰内斯堡的全球影响,远远超越了一个大陆的想象。在下一章,我们将把注意力转向全球郊区。

第六章　越过尖桩篱笆：全球郊区

尽管郊区仍然常常与大家耳熟能详的盎格鲁-撒克逊郊区的比喻联系在一起，但现在它已然成为全球无所不在而又为人熟知的景观。让我们驾车，沿着唐娜·塔特（Donna Tartt）的小说《金翅雀》（*The Goldfinch*）中后危机时代的拉斯维加斯城外的公路行驶下去：

> 我们驾车继续往前开，前方高到令人难以置信的天际线渐渐缩小，直至最终变成一片杂乱无序的停车场和奥特莱斯购物中心，一家又一家毫无特色的购物广场、电器城、玩具反斗城、超市和杂货店、24小时营业店，很难说清它在哪里开始或者在哪里结束。……我抬起头来，看见道路边的单排商业区已经不见了，取而代之的是看似毫无边际的网格状住宅区，其中的很多房子都用灰泥粉刷过。这些房子看上去千篇一律，呈现出一派拘谨和惨淡的景象——一排排站立着，就像墓

> 地里的石碑，但是其中一些房屋被涂上欢乐的粉彩(薄荷绿、牧场粉、沙漠蓝)，它们投下清晰的阴影和旁边带刺的沙漠植物散发出一种异国风情。我在城市里长大，那里拥挤不堪，所以随便一点东西就能令我惊喜不已。住在一幢带院子的房子里是一件很新鲜的事情，哪怕这个院子里只有棕色的岩石和带刺的仙人掌。……路边的房舍开始变大了：两层楼房、长满仙人掌的花园、围在外面的栅栏、游泳池，以及可以停好几辆车的车库。……这条路上矗立着醒目的花岗岩路标，上面刻有黄铜的英文字母：The Ranchos at Canyon Shadows(峡谷阴影牧场)。……我们在6219号的德萨托亚牧场庄园停了下来，院子里堆放着木材，街上刮起沙子，然后我们转进一条私家车道，来到一幢大大的西班牙式房屋前，这幢房子或者也可以说是摩尔式建筑，房子被刷成浅褐色，带有百叶窗、拱形山墙和陶土瓦片，屋顶好几个地方向着不同方向耸立成令人吃惊的尖角。(Tartt，2013：221—222)

现在，这种景观对世界上很多人来说都十分熟悉。然而，郊区仍然经常作为一种与盎格鲁-撒克逊社会模式相关的现象来讨论(Forsyth，2012；Harris，2010；Jauhiainen，2013)。20世纪期间，在英国和英国移民社会甚为流行的私人土地所有权、消费主义资本主义、自由的意识形态使得澳大利亚、加拿大、美国，还有英国自身，在一定程度上成为典型的单户独栋住宅式郊区繁荣发展的理想地方。事实上，洛伦佐·韦拉奇尼(Lorenzo Veracini)这样解释，“郊区和移民殖民现象都是以一种急切的逃离为前提条件的，这种逃离被认为是对越来越具威胁性的环境的一种全面拒绝”，他还说“郊区再次扮演了聚落的角色”(2011：340；原文强调)。同样地，在历史上，郊区理想与国家建设紧密相关（Barraclough，2011）。与此相关的是，如凯勒·伊斯特林（Keller Easterling）所说，“建筑开发商威廉·莱维特把郊区房产与战后时期特具感染力的家庭和爱国故事联系起来，这些故事加速了房屋产生乘数效应的空间效果”（2014：90）。盎格鲁-撒克逊的单户独栋住宅式郊区常常被用作衡量所有郊区的基准。事实上，就如著名的文化和建筑历史学家、全球城市理论家安东尼·金（Anthony King）所观察到的，郊区化（郊区“既是一种聚落形态也是一种生活方式”）是更加普遍的现代城市化叙事中的一部分，这种书写与“传统城市”的叙事形成鲜明对比（2004：97）。

但是在全球语境下，需要对盎格鲁-撒克逊郊区重新进行评估。为了在全球范围内考察郊区化的起源和作用，我们首先要假设郊区化先于现代时期和资本主义财产关系出现，作为一种资本主义社会的空间生产形式，郊区化具有特殊意义（King，2004；Walker，1981）。我们有必要摒弃认为郊区化主要存在于美国领域的普遍认识。最常与美国联系在一起的盎格鲁-撒克逊郊区模式，在现实世界和研究文献中占据主导地位，承认这一点十分重要。然而这种模式却遮蔽了与其同时存在的郊区化以及其他地方存在的不同的郊区化模式。即使在刚刚结束的美国时代，也总是存在不同的城市外围发展途径。更加重要的是，近年来，激发我们对城市理论和研究进行全面重新思考的郊区化新形式迅速在世界各地涌现。

郊区前景：对全球郊区化的观察

我们需要展开的一项工作是使（北美）郊区地方化（Lawhon et

al.,2014)。即便如此,盎格鲁-撒克逊“尖桩篱笆”传统在城镇上既不是孤立的,也不是唯一的游戏。北美洲的单户独栋住宅式郊区的大规模后莱维敦式蔓延——从纽约到莱克伍德,从加利福尼亚北上,穿越魁北克城市外围一直到阿尔伯塔油砂地的麦克默里堡——必然使我们的集体记忆变得模糊;我们不再记得现代郊区从一开始就是一种混合产物(Fortin,2015)。大英帝国的郊区原本就植根于全球。现代美国(或者盎格鲁-撒克逊)郊区的繁荣,毫无疑问,是建立在共享的、以财产为导向的殖民格局之上的。对于怀有抱负的欧洲移民来说,这正是加拿大城市学家汉弗莱·卡佛(Humphrey Carver)称之为“房子欲望”的展现和实现之处[①]。但是它所有的组成部分和配件都来自别处。不仅仅是在英国、美洲和澳大利亚的郊区,而更普遍的是在全世界郊区,单户独栋住宅的原型是平房、紧邻带阳台的房屋、农场房屋和单层别墅。全球一个非常真实的现象是,单层房屋起源于英国殖民印度这一特殊帝国主义历史(King,2004)。当美国消费主义随后以郊区幸福的标志性形象投射到世界之际,它与帝国的联系仍然存在;每当美国的军队“实实在在地”保证国内的郊区梦想和捍卫帝国的全球利益时,美国都准备好用行动来追随这一形象,这一点十分清楚(Keil,2007)。

尽管如此,即便在现代时期,全球郊区化过程也绝不仅仅是北

---

① 我的这一见解完全要归功于斯蒂芬·洛根的著作(即将出版)。洛根探讨的是住房及其相关讨论在20世纪欧洲和北美郊区化之间有关城市主义的现代主义话语中的重要性。与目前聚焦于英国殖民角度的讨论相比,洛根的作品指出郊区形态更广泛更多样化的生态。从东欧到加利福尼亚,在大多是建筑师和规划师之间的跨大西洋对话中,形态和设计思考及道德归因常与福特主义政治经济相吻合。有趣的是,广义上,在欧洲备受青睐的单户独栋住宅的“其他”形式却是现代主义“聚落”中的大型住宅区。

美模式的延续。我们可以明确三个相互关联的视角，通过这些视角，郊区化可以被视为一种全球现象：

1. 作为现代化的郊区化

郊区化是系统基础设施和大规模政治经济体扩展这一较大过程中的一部分。伊斯特林写道："房屋、它的重复性结构以及与之相关的故事，一起构成了有助于形成社区倾向的信息。"(2014:90)她把倾向定义为"一个组织的特性或倾向，它来自该组织的所有活动"(2014:21)。在这个意义上，郊区化是现代化倾向的一部分，充满了种种现代社会辩证法的矛盾："大规模生产的郊区售卖的是独特的乡间住宅，但是实际上提供的却是流水线组织生产的毫无区别的产品。"(2014:71)这种"增殖"可能是通过国家资助、开发人员建设或自我建设的聚落模式来完成的。自建的贫民区或者棚户区的有序分隔、外围高层公共住宅街区以及莱维敦的住房，表现出相似的重复性和现代化的可能性。它们把现代化表现为一种"各种可能性之间展开关系"的倾向，再次回到伊斯特林的构想中去(2014:72)。

现代化包括产生更广泛的社会和空间影响，其中最主要的是现代社会分化的出现，如阶级和种族；工业化和资本主义积累的动态革命。特别是种族化和性别化阶级的形成过程被写入现代郊区，并以其作为一个郊区化区域的成功为依托。从这个意义上来说，现代化也一直等同于殖民化。

2. 作为现代主义的郊区化

工业化和资本主义现代化是两个不同的时期，尽管在它们开始之前，郊区就已经存在了，但是在传统城市边缘之外建设住宅、生产、商业和基础设施空间的普遍现象，却是与现代主义的姿态同时出现的，特别是20世纪20年代以来。这也许就是菲什曼在他寻求“理解郊区对现代文化和现代城市的重要意义”时所说的原因：“郊区似乎总是显得很现代”(1987：4—5)。对于菲什曼来说，郊区看上去“并不仅仅是一大批住宅建筑；它表达了深深植根于资产阶级文化，也可以被称为资产阶级乌托邦的价值观”(同上：4)。一些作者认为这种现代主义姿态更像是城市反乌托邦的指示牌，并且使他们对(在城市/郊区形态、规划和设计等方面的)现代主义或多或少的明确批评成为其郊区化评价最醒目的部分(关于多伦多的评价参见Sewell，1993；2009；Kunstler，1993)。

目前，一些像多伦多一样的城市被包围在一大片式样保守的、围有山墙的维多利亚风格的房屋中，这些房屋标志着对家庭价值观和个人主义或多或少的“庸俗的”认可，也是美国新自由郊区主义景观中常见的特征(Knox，2008)，但是郊区化最初仍然属于建筑、规划和设计等方面的现代和现代主义改革家的领域。包豪斯风格主要是一种郊区介入，无论是通过“大师”级个性化房屋还是通过“房屋机器”、高层建筑和“巴雷斯”式建筑，现代建筑在各地的城市外围都留下了印记。一些更为良性和成功的形式能适应社会经济和社会人口的变化，在这些形式中，现代主义的承诺仍然继续存在，例如，恩斯特·迈(Ernst May)及其同事主持的新法兰克福项目中修建的那些房子，或者曾经处于城市外围的维也纳卡尔·马克思大院；而在欧洲其他城市外围——不论是东方还是西方——很多普遍的现代主义“居住环境”中，现代主义已然失去了光芒，并变成社会工程失败的象征(Logan，即将出版)。

在世界上广大的郊区和城市，现代主义形式和功能，作为具有时代特征(20世纪早期)和永恒特征的可辨识作品，不断地被革新和反复循环利用，表现出一种现代姿态。例如，劳伦斯·赫尔佐克(Lawrence Herzog)提到圣保罗时说："新型高层建筑式郊区代表现代主义建筑家和政府之间达成一种妥协。然而，其中的一个矛盾是，现代主义建筑的原始形式崇尚平等主义，而新的高层建筑式郊区或现代主义郊区却主要面向特权阶层，也就是那些住得起拥有葱郁的园林绿化和严格的安保措施的新式垂直塔楼综合体的人。"(2015:176—177)

3. 离心城市

对于传统的郊区，分离、逃离和种族隔离是游戏的名称。菲什曼的"资产阶级乌托邦"是"一个不完全的天堂"，是逃离城市威胁和危险的人们的一处"避难所"(1987:4)。对博勒加德(Beauregard)而言，依据芒福德的观点，这是旧的城市形态之外的"寄生城市化"(2006:41)。当然，从字面上理解，离心性在一定程度上是从空间中心的一种逃离。更加重要的是，最终伴随它而来的是对社会本身的逃离，是一种非自愿的外围的分隔和排斥过程。就如赫尔佐克所言，无论是物质上还是意识上，曾经承诺现代平等主义的一部分郊区化变成分裂社区的载体。赫尔佐克注意到，圣保罗的垂直郊区主义来自于"对公共生活的蔑视"(2015:175)；它的高层建筑式街区经常群聚的地带，令人联想到美国的边缘城市，也与美国的同类城市相似，这些地带是"逃离拥挤的城市生活中可感知的问题——犯罪、噪音和不舒适"的地方(2015:175)。然而，新兴全球郊区的特点并不仅仅有精英逃避主义这一方面；另一方面，它们也是穷人无处可去而最终停留的地方。对于这些穷人，遥远城市边缘的孤立的塔楼街区里偏远郊区的生活方式成为一个陷阱。例如，一个能够说明这种与离心城市紧密相关的排斥和驱逐现象的案例是伊斯坦布尔，在这里，“城市贫民发现自己被放逐到城市边缘的高层公寓，周围没有空地，交通不便、食品和其他基本必需品供应不足”(Dossick et al.,2012:11)。然而，这些街区实际上没有真正的出路，因为在很多相互依存的领域中，它们通过工作、物质和出行等深深地交织在一起。在里约热内卢的巴哈德提虎卡郊区，要是一个人站在一幢位于安全可靠的中上层阶级居住区的新建公寓楼的14层阳台上，他就能清楚地看见整个繁复多样的郊区集合的混杂模样：在西北面，是轻轻依傍在群山脚下的贫民区，一片沼泽地和几条运河将它与巴哈德分离；就在这片贫民区的南面，可以看见2010年里约热内卢主办泛美运动会期间修建的运动员村。这个村子现在变成一处公寓式住房，近旁与之相连的超大基础交通设施，将它与里约热内卢市中心连接起来。在东面，面向大西洋，巴哈德的大部分建成区域横亘于此，这片区域开发良好，拥有种类齐全的零售便利设施，在一个人工湖的对面还建有大型购物中心。而朝向里约热内卢的北面，可以看到更多的塔楼大厦，还有另一个宛如海市蜃楼一般的运动员村，那是2016年奥运会期间修建的。全球郊区形式、功能和社会人口混合的原因在于，它对现有的和新兴的城市碎片重新进行了创新性排列，这些碎片在各地的城市外围凝聚成比例新颖的杂乱组合：在西方国家，移民带来的实践和美学，成为占主导地位的本地语言的一部分；在南方国家以及巴西、土耳其、中国或印度这些新兴强国，一些零散的后殖民全球性结合在一起，形成正规的和非正规的城市/郊区新景观。在这些全球郊区，你会发现阿卜杜马利克·西蒙尼(AbdouMaliq Simone)参照奈杰尔·斯里夫特(Nigel Thrift)思想时所称的“逃亡材料”(2012:40)——传统、代码、语言片段、被抛弃和拼凑的“正在运行的”经济、盗版技术以及漂浮在周围的各种零碎符号，这一切已经逐渐与可能产生它们的原始地方分离。

郊区化的区域

在美国这一案例之外，郊区形态和过程中或多或少都存在连续的内生发展。尽管全世界很多地方郊区的开发都在效仿美国，比如赫尔佐克展示给我们的巴西，在这里“复制美国模式已经成为巴西开发商们有意识营销的一部分”(2015:175)，但是在很大程度上，郊区化还是地方治理和发展动态的产物。

加拿大郊区化在很多方面都符合盎格鲁-撒克逊传统。按照所有统计标准，现在的加拿大可以被称为“郊区国家”(Gordon and Janzen，2013)，但是加拿大的郊区发展轨迹与美国截然不同。第二次世界大战以前，加拿大的城市曾经是更加分裂和多样化的拼凑图，它们由沿着铁路走廊和因阶级、民族/种族和宗教分歧而分裂的社会空间延伸的分散工业形成(Addie and Keil，2015)。这个国家横跨大陆，幅员辽阔，各个区域在走向郊区国家的途径上表现出十分显著的多样性(McCann，2006)。加拿大聚落的一个重要方面是服务欠缺的边远地区的工人阶级自建式郊区，这正符合理查德·哈里斯在他的权威著作《无计划的郊区》(*Unplanned Suburbs*，1996)中所记录的多伦多案例。由此产生的街区与传统的资产阶级乌托邦模式比较，存在显著差异。哈里斯也揭示了这样一段历史，即1945年之后，这个国家特殊的自建式郊区是如何逐渐退让，最终被企业大规模建造的规划住宅区纳入其中的(2004)。国家干预，特别是政府补贴的抵押贷款融资和基础设施投资，使得普遍的传统郊区化成为可能(Keil，Hamel，Chou，Williams，2015)。然而，加拿大南面近邻的传统是在外围绿地上的单户独栋住宅式郊区化，在与此传统决裂之后，加拿大也见证了在城市的外围大规模修建房屋居住区，其风格令人联想到法国的郊区、德国的大型住宅区，或者预制板式居住区和英国的塔楼庄园。尤其是在多伦多，20 世纪 60 年代以后修建了一千多幢塔楼建筑，其中大部分位于城市外围，于是，在加拿大形成了特殊的内郊区风格(Charmes and Keil,2015;Young and Keil,2014)。

在欧洲，整个 20 世纪中形成广泛的郊区形态和过程(Phelps,2017)。也许北美洲的尖桩篱笆的第一个最明显的替代方案就是在城市"绿色"外围修建大型住宅区，如英国、法国、德国和加拿大等北大西洋福特主义大国采用了这样的方案。与北美洲大多是私有化的郊区化形成鲜明的对比(虽然都得到国家税收和其他激励措施的补贴)，欧洲高度福特主义时期的郊区住房大多是由国家主导或者合作开发管理公司建设的。21 世纪初，当城市规划家和开发者开始酝酿诸如密度、紧凑性、"再城市化"、新城市主义和"创意城市"等新流行词语时，不论是在西欧还是东欧，这些房地产都成为新的城市危机的焦点(Charmes and Keil,2015)。在苏联及其卫星国家，这些房地产甚至以更大的规模出现，上亿的住房单位(和工厂)如雨后春笋一般出现在城市外围的扩展区域。欧洲郊区的特点是"治理的形式和模式具有明显的差异，而实际上这些形式和模式又在各个国家背景中混合在一起"(Phelps and Vento,2015:155)。一本近期有关欧洲郊区化主题的书籍表明，欧洲大陆的城市外围发展既是古老的又是新颖的。菲尔普斯写道：

> 在多重意义上，欧洲(城市)郊区化可以被认为是"古老"的……首先，与其他地方相比，欧洲很多地方的城市化过程更早发生，也更深入。……其次，欧洲拥有这个现代世界体系中

最古老的民族国家，以及最成熟的国家领土框架，在这样的国家和框架中发生了郊区化过程。最后……美国新颖的（城市）郊区化过程常常与欧洲流行的（城市）郊区化过程形成一定的对比。(Phelps，2017)

在这些“古老”的特征中，存在“非连续的、分散的和零碎的”形式，“包括附加于城镇和城市的扩展”，这一扩展“在外围地区不连续发展的主题上”有很大变化，“促进了历史上重要的经济核心区域附近的多中心发展”(Phelps and Vento，2015：158)。除此以外，即使在有着盎格鲁-撒克逊传统的国家，如爱尔兰和英国，花园城市和别墅式郊区化以及（常常位于矿区的）怪异的工人阶级郊区，也与像都柏林的巴利米纳这样的由国家资助或分布均匀的大规模郊区居住区结合在一起(Farrell and Kelly，2015)，或者与伦敦、伯明翰或格拉斯哥外围的服务欠缺而又孤立的塔楼居住区融为一体，结果形成“一种奇异的郊区景观，中心区高耸入云的办公大楼赫然耸立在周围郊区的一片独立式住宅中间”(Mace，Phelps and Jodieri，2017；Phelps and Vento，2015)。然而，英国仍然被理解为大西洋经验不可分割的一部分。如果一个人想要了解与美国案例不一致的概念化郊区发展的真正不同之处，他需要把目光投向欧洲大陆。

法国案例富有启发性且有据可查(Charmes，2005；Epstein，2013；Rousseau，2015；Dikeç，2007)。列斐伏尔提醒我们注意二战后巴黎郊区的爆炸式发展：“你知道巴黎的郊区并不多，虽然有几个，但是很少。可突然之间，整个地区都被填满了，周围都是小房子和新城市。”(Lefebvre and Rass，2015：50)这些战后及其后来的郊区产生（和被消费）的情况与盎格鲁-撒克逊的郊区原型有着重大差别。其一，这些郊区中总有更多国家的直接参与（Dikeç，2007；Kipfer，n.d.），建筑类型也是混合式的。这些“小房子”，也就是列斐伏尔所看见的最初在巴黎周围迅速增加的楼阁，与大型住房集合（被列斐伏尔轻蔑地称为“栖息地”的公园里的塔楼）同步发展。两种样态凝固成一种特定的带有可变密度的后郊区景观，它容纳了很多（如果不是大多数）法国大城市中心的都市人口（Charmes and Keil，2015）。

虽然 *Vorstadt* 是郊区一词最忠实的德语译法，但是这一术语却表示各种各样的形态，从大片空地上的独立式平房、排屋和中高层公寓到柯布西耶风格的塔式庄园。在 20 世纪早期的德国，郊区化常常是现代主义改革家的明确目标，他们倡导在斯塔德卡特加特或者之外的城市边缘地带开发（并兴建）卫星城。前文提及的恩斯特·迈主持的新法兰克福项目，就是 20 世纪早期此类开发项目的实例。二战以后，常常为多中心的西德工业景观和其农村腹地点缀着数量众多但极其分散的单户独栋住宅外围区，但常有以合作或社会住房形式建造的中高层建筑穿插其间。也许西德最醒目的郊区化形式是无处不在的大型住宅区，这些住宅区环绕在城市核心周围，从东部柏林的曼基仕居住区到北部不来梅的纽瓦尔、中部法兰克福的波那梅斯以及南部斯图加特的弗莱堡都是如此。二战后，负责西德城市外围数百万幢高层住宅建设的规划家和建筑师们大都与他们 20 世纪 20 年代的先辈们一样，受到同样的现代化热情的驱动（奇怪的是，他们丝毫没有受到反动的纳粹时代传统的影响）。他们是由城市专业人员发起的全球现代主义改革运动的一部分，对于这些专家来说，郊区和包豪斯主义是他们在争取与一般社会主义或人道主义平均主义，特别是社会民主福利国家理性相一致的（城市）郊区形态时的理想伙伴。就像英国和法国的同类郊区一样，那些郊区塔式庄园，在 20 世纪 80 年代以后的几十年里，变成了失败和衰落的象征。但是它们也成为多重郊区主义的多中心城市之间综合景观中的一部分，比如鲁尔和莱茵地区（Basten，2016）。

西德对于城市大规模住宅区危机的观点更为复杂，在对待东德外围地区的问题上其复杂性尤甚，特别是在 1990 年以后。在东德和其他地方，在华沙条约的成员国，尽管在二战后的规划家眼里——并且他们也有这样的意图——一些国家大规模修建的预制装配式住宅是作为城市扩建而非郊区化的一部分而修建的，但是在原东德及东部的其他地方修建的很多（如果不是大多数）庞大的住宅区，事实上仍然属于郊区，并且也表现出一些与西部地区此类住宅区相同的正规功能性特征。虽然这些住宅区往往具备更大的规模，但是它们确实遵循了雅典宪章时代欧洲规划中十分普遍的土地利用分离原则。由于与区域公共交通联系紧密，它们很好地融入了由高速公路和主干道组成的超大型公共道路系统（无可否认，这里的汽车交通密度远远低于西方国家）。1990 年以后，很多预制装配式住宅处于年久失修的状态，究其原因，一是这些住宅成为私有化和合作投资的物品，二是它们也成为西方世界所诟病的社会主义计划经济的标志。只有在过去的十年里，城市学者和活动分子展开了艰苦卓绝的工作之后，东德城市外围的住宅区才开始作为有价值的、可持续的和可再生的（城市）郊区住宅区的替代，得到恢复改造（Bernt，2009；Kabisch and Rink，2015）。

自从柏林墙倒塌之后，更广泛地说，“后社会主义”东欧带上了自由化和放宽城市规划管制的特点，这导致超越传统外围高层住宅区之外的蔓延（Szirmai，2011）。斯坦尼洛夫（Stanilov）和西科拉（Sykora）表示：“郊区蔓延——这一点在集权主义政权崩塌之前并不为人所知——逐渐成为后社会主义大都市景观的典型特征，在这一景观中，无数新的住宅和商业开发区形成的支离破碎的集群，在远离紧凑的城市核心边界之外扩展。”(2014b:316)同样的两位作者也哀叹到，在这个区域，“郊区的爆炸式增长给中心城市带来负面影响，使得它们无力复兴一些长期受到城市衰退威胁的地区”，巨大的郊区开发区削弱了国家的战略能力，使之无法处理去工业化、内城衰落或庞大的住宅区缩减所带来的社会和空间矛盾(2014:21)。除此以外，加速私有化的东欧外围地区已变成一个不同程度上的封闭场所。正是在这个地方，离心城市的全球趋势得到充分展示，并且发展出一些极其怪诞的构成形式(Hirt，2012)。很多城市，从贝尔格莱德到保加利亚首都索菲亚，从爱沙尼亚共和国首都塔林到莱比锡，充斥着不断缩小的社会主义住宅区和精致奢华的装有门禁的单户独栋住宅区之间的社会-空间不平等和矛盾。东欧案例不仅仅是因为其在后社会主义条件下的独特发展轨迹而具有重要意义，它也给我们带来一个关于郊区化的独特而有趣的理论视角(Stanilov and Sykora，2014a)。

全球化的城市/郊区化

第二种最突出的替代方案是，全球南方，也就是非洲、拉丁美洲和发展中的亚洲，还包括中东的城市区域不断扩展的自建式聚落和棚户区。

运用北方模式从理论上理解全球城市化模式显得越来越不恰当，也愈发不可能了，在全球新兴城市领域的郊区地区，这一点尤为明显。当然，经典的北美案例仍然关系到我们对郊区化的历史和地理及其理论意义的理解。同样重要的是，洛杉矶一直被认为是人口超密集的纽约的不成功的姐妹城市(Swilling,2016)。然而,与洛杉矶莱克伍德的战后中产阶级社区相比,也许开普敦米歇尔平原上的现代棚户区更算得上是当代郊区化真正的象征。在亚洲(McGee,2013)、非洲(Mabin,2013)和拉丁美洲,作为一种全球郊区形态的"后殖民郊区"(Roy,2015)正在形成,并且指向那些全球北方的郊区,无论是在欧洲(法国、英国、德国、葡萄牙等)还是加拿大,大量移民社区已经开始在城市边缘安营扎寨。金在谈到后殖民"全球郊区"时代的多样性时指的是"城市郊区的形态和聚落,其经济、社会、文化和建筑的起源较少来自城市内部,甚或国家内部的发展,而更多来自其边界之外的外部力量",他还补充了下面很重要的一点:

> 就如历史经验告诉我们的一样,由于所处的地理位置,很多这样的超级郊区或全球郊区产生的动力源泉不仅仅是"国际的"或"全球的"力量,而且更具体地说,帝国主义、殖民主义和民族主义,以及离散的移民文化和全球资本主义的资本流也是其动力源泉。(King,2004:103)

在全球南方,城市化爆发的主要原因在于20世纪中叶开始的从农村向城市的迁移,这一迁移最早出现在拉丁美洲,近期则出现在亚洲和非洲。大多数新移民迁往位于非正规的城市外围地带,在这些地方常见的往往是棚户区,导致(如在圣保罗)"中心与外围被漫长的距离分隔开的分散城市"(Caldeira,2013)。在土耳其、中国和印度的大都市区域,大规模高层住宅式街区围绕在城市中心周围,这些街区居住着很多外来人口和从正在绅士化的内城被驱逐出城市的人口。这种主要的外围城市化,即城市边缘的创造,以门禁社区的形式出现。

重要的是，在不属于西方世界的一些区域，城市外围的扩张模式得到了强有力的发展。最著名的也许是（原印度尼西亚语的）城乡融合区（desakota）概念，这个词最初恰好与特里·麦吉（Terry McGee）的作品表达的思想（1991）一致，意思是传统上的城市和农村地区之间的地方。城乡融合区并不仅仅是一个城市外围位置的地理概念，它还指城市和农村之间相互交织的社会-经济关系（Moench and Gyawali，2008）。近来，城乡融合区概念更多地被用作一个启动平台，以对亚洲城市边缘发展进行深入的实证研究。例如，奥尔特加（Ortega）在他写作的一部关于马尼拉大都市的作品中，考察了“一个更加复杂的农村-城市变化过程，超越了单纯考虑农业社区就地融入城市经济”，明确了各种各样的空间发展，并论证了“新自由主义重组基于地方的表现”（2012：1119）。基于特里·麦吉的开创性作品，奥尔特加进一步指出城市理论构建中的西方偏见，这种偏见导致对各个地方城市和郊区发展的目的论的和错误的普遍主义理解。针对这种经历，奥尔特加建议“把城郊融合区作为一种铰链概念”使用，援引“它最初的反本质主义，‘异教’、抵抗的和开放的性质，以表现一种以基于对关系和过程的经验理解的空间的生产”（2012：1122）。在奥尔特加的作品中，东南亚的城市外围不是一个处于城市历史和地理之外的地方，它是一个可以很好地提出理论主张的地方。它也不是一个在地理意义上被标记为边缘的地区，也不应该是一个被置于想象中的过去历史时期的地方，而是今天形形色色的新自由主义（城市）郊区化过程的产物和生产者。事实上，就如胡达拉（Hudalah）等人对印度尼西亚城市边缘绅士化的研究（2016）所表明的，世界上这一部分区域的城市边缘是富有成效的地方，既促成积极的城市变化，也赋予我们灵感，从而对城市研究中的重要概念产生新的相关理解。在阿奎勒、沃德和史密斯所著的关于墨西哥城研究的作品（Aguilar, Ward and Smith, 2003：4）中，也可见相似的论断，他们研究了“特大城市发展的区域‘半阴影’，例如城市外围区域，而不是只关注郊区扩张或城市结构调整”。在这样做的过程中，他们的研究拓宽了经验和概念领域，使得这些发展有助于我们理解全球范围内的扩展型城市化（也请参见 Gilbert and De Jong, 2015）。

当前，郊区城市景观如此普遍，以至于人们萌生了从整体上对城市形态和过程进行重新评估的想法，这凸显了郊区化景观多重分割、不再是中心的结构。我们已经进入一种连续的“后郊区化”状态——在很大程度上，“后郊区化”这一术语力图表明历史上的郊区现在处于一个复杂的、在政治上有争议的更新和城市化进程中。在本书的引言中，根据罗伊关于城市主义主题的富有洞察力的文章，我们设想了城市主义的四个维度。当我们把“标志性的”美国郊区模式推广到“全球”时，我们需要对所采用的术语的附带意义做出解释。如果郊区主义是全球的，那么记住这一术语的传统意义将十分重要：

> 城市主义……现在泛指一种特殊的、与其他农村地区分离的场所（城市），它被认为是现代主义的特征、是进步、发展和大都会，也是地方主义的对立面。与此同时，城市主义与一系列的社会弊病联系在一起，这是发展的黑暗面，与昔日田园牧歌式的农村形成强烈对比。这一不和谐音暗示了对干预的需求——在尽量减少社会功能失调的同时，以城市规划来达到发展的目的。（Sheppard et al., 2013：893—894）

在西方有关城市主义的规范话语中，这通常也暗示着这种实践“理所当然地认为资本主义和自由民主是自然的、无所不在的规范，它们有能力克服全球南方普遍存在的贫穷、不平等和不公正”(Sheppard et al.,2013:894)。

阿什·阿明(Ash Amin)的一篇关于“伸缩式城市主义”(telescopic urbanism)的文章(2013)也表达了类似的不安，他面对的是以城市基础设施权利的语言来表达的对城市主要政治的要求。他批判的这种伸缩式城市主义使“大量隐藏的联系和相关行为”变得十分隐蔽，“从经济上相互依赖的街区到贯穿城市内外的基础设施、流动和组织安排”，这些联系和行为将多种空间形态集合的当代城市维系在一起。(2013:484)这些集合中布满了列斐伏尔想象的“分离的碎片”，但是在这种情况下，它们与中心之间并不存在线性联系。郊区形态和生活未必与单一的中心性有关。重要的一点是，要把它们与我们对城市主义的总体理解和理论化融合在一起。

郊区化曾被认为是美国梦的一部分。同样，郊区化危机也是如此。从巴西到印度，从南非到中国，美国郊区化为全球城市中产阶级和精英人群提供了一种重要模式(Hamel and Keil,2015;Herzog,2015;Keil,2007)。但是现在，关于全球范围和全球主题的郊区想象并不是来自美国的中心地带，而是来自世界其他地方。就像罗伊曾经提醒我们的一样，非中心的世界化实践现在包括战略式郊区化，这是全球南方自身相互参照的多重对话的一部分(2009;2015)。罗伊在与翁爱华(Aihwa Ong)合著的作品中写道，“尽管这样的实践活动可以在城市主义语域中读到，但重要的是要记录这些活动的世界化特征”(Roy and Ong,2011)，包括新自由化的内生形式。

在此语境中，全球郊区的重要性在于，它并非只是拓展经验基础，使其具有更丰富的多样性，而是提出一个具有深远意义的主张：重写郊区理论。我们需要铭记西蒙尼关于城市研究的一段话："至于城市理论，理解城市的系统性意味着要同时把城市想成许多不同的城市，也就是不能把城市想成多个分形，而是许多城市在设计和发展中力求做到将彼此视为一个整体，既要相互施加影响，又要设法保持各自的独立性。"(2012：46)理解全球郊区的系统性也有同样的要求。了解这种模式中的郊区化为一种新的理论提供了依据，这种理论保留了批判性唯物主义优势，然而也要求从外围重新思考郊区形态和功能的多样性。美国郊区(以及作为一种延伸的欧洲福特主义和社会主义时期的高层住宅式外围)不再是全球郊区的概念模型和政策模型。郊区化及其相关理论和研究同时从那些新的(真实和想象的、物质和精神的)郊区空间的生产场所得到重新书写，这些空间正在约翰内斯堡和莫斯科、上海和圣地亚哥之间迅速发展(Robinson，2016)。

现在的全球后郊区是矛盾的时间性和空间性的表层沉积物，是殖民和后殖民历史和地理的集合，它呈现出截然不同的形式。让我们来看两个不同的欧洲案例，一个是位于葡萄牙首都里斯本北部，带有明显的后殖民历史的阿马多拉；另一个则是后社会主义郊区，这是塞尔维亚首都贝尔格莱德城市蔓延而形成的外围区。二者皆是动荡不安的历史的复杂翻版，正规的和不正规的聚落、(良性的和惩罚性的)国家和市场干预以及遍布各处的自建式房屋、边缘经济、鲜花盛开的花园和惨遭破坏的生态体系。如果我们把目光投向欧洲之外的地方，那么还能找到古尔冈的德里城市外围这个例子，古鲁瑞尼(Gururani)把它作为印度整体城市化现象的一个例子来描述：

位于大都市边缘的城市外围，代表一种狂乱的城市化前沿，也是典型的城乡结合部，其特征是混合土地利用、密集开发以及零星分布在各个角落的富裕区和贫困区。显然，就像全球南方的很多地方，印度的外围化或郊区化过程就是一个土地所有制变化的过程，也是一个城市化过程。在大多数情况下，这个过程往往蕴含着一个变化无常甚至暴力的土地征用、置换和开发的过程。(2013:183)

中国经历着与印度相似的动态发展，在像北京和上海这样的历史悠久的大型城市中心的外围建设新的城市世界；在一级土地市场形成（如农村公有财产被转变成私有住房单元和企业厂址）和国家城市开发政策实施的情况下，产生了大量郊区并促成了新城镇的发展。结果是形成多元建筑的城市外围，在这里可以看到中等规模的德国式工业城的设计，而紧挨着的便是英国式集镇的设计（Wu and Shen，2015），而这一切都被一排排林立的塔楼大厦所遮蔽，它们之间以及它们与城市中心之间由一条条交通繁忙的公路和公共交通基础设施连接（Fleischer，2010）。这些新城镇，与一些美国或欧洲的模式和城镇对比强烈，一个新崛起的眼光独到且社会流动性强的客户在寻找工作和住所时更倾向于选择内城而非这样的城镇："事实上，大多数城市居民在有机会选择的时候，往往会避免搬迁到郊区，这是因为中国的郊区发展得还不够完善，这些地方缺乏便利的基础设施、购物中心和学校，而社会活动也远远落后于城市。"(Pow，2012:58)

总之，现在我们可以清晰地看到从美国真实和想象的起源到遍布全球各地的郊区化轨迹。然而，我们也知道，我们在世界各地看到的城市外围目前不会，在历史上也很少按照来自西方的特定蓝图发展。本章通过其区域合理性选择性地追溯了几个郊区化案例，这些案例有时候在所谓的西方模式出现之前就已经存在了。因而郊区化似乎总是在不同的情况下发生的。然而，我们必须明白，区域特殊性的出现仍然与诸如全球化和新自由化等更广泛的发展有关。只有借助对创新保持开放态度的批判性后郊区理论，才能从概念上克服区域主义，甚至地方主义。新的理论地理分布一定不会导致观念的物化。从贝尔格莱德到北京、里约到伊斯坦布尔、墨西哥城到马尼拉、伊斯坦布尔到里斯本这些城市的例子中，我们所能得到的启发是，从洛杉矶出发的这条道路指引我们走向很多郊区化和郊区理论的不同路径。

第七章　郊区基础设施

郊区基础设施是城市/郊区研究中研究者们极感兴趣的一个主题领域。现有的有关郊区基础设施的研究工作包括一些概念和历史思考(Addie,2016,2017;Filion,2013a,b;Filion and Keil,2016;Filion and Pulver,即将出版)、对郊区基础设施缺陷的关注(Bloch,Papachristodoulou and Brown,2013;Monstadt and Schramm,2013;Young et al.,2011)、郊区基础设施在区域治理中的作用(Addie and Keil,2015)以及基础设施在新的后郊区政治中的重要意义(Young and Keil,2014)。根据上述思路,本章提出一个简单的观点:郊区地区在大都市及其他地方发挥着重要的基础设施功能。大多数关于郊区基础设施的分析强调以下两点:一是基础设施在居住小区和其他郊区开发中的作用,如工业园区(公路、环形公路、供水和排水等等);二是大都市外围城镇发展过快所带来的基础设施不足的问题。此外,重要的是,郊区基础设施,特别是紧随二战之后修建的高速公路网络而被卷入其中的景观,在破坏和隔离工人阶级和有色人种街区方面起着帮凶的作用，并为（白人）郊区特权融入城市区域肌理奠定了基础（Baum-Snow，2007；Grunwald，2015；Poitras，2011；Stromberg，2016）。有关气候变化时代的城市可持续性的各种辩论注意到郊区基础设施安排对汽车的依赖，并将它们与那些青睐密集的、可步行的和以公交为导向的发展的常规偏好进行对比。廉价石油和郊区增长机器所带来的对利润的贪婪欲望刺激城市向外蔓延（Logan and Molotch，1987），预期的全球郊区化在爆炸性发展的城市世界持续不断地发生（Swilling，2016），考虑到以上两方面带来的后遗症，大都市外围的基础设施对人类生活、经济增长和生态可持续性发展具有重要意义，这一点无论怎么强调都不过分。

尽管这些都是重要的观点和关注点，但我在本章中却将重点放在基础设施功能上，这些功能位于郊区并由郊区向外发散，它们也为郊区及其他地方提供服务。郊区基础设施中一个十分重要却常常被低估的方面是，它们对于整个城市区域运作的重要意义[①]。尽管我们经常听说某些主要功能被迁移到城市外围的后台办公室，尽管这被认为是由土地市场引起的等级结构，但是对于城市外围为城市区域，特别是城市核心提供必须的和有价值的服务这一点，有关郊区土地利用的辩论却往往轻描淡写。这不仅包括主要的网络空间，如机场；休闲娱乐空间，如高尔夫球场；还包括有害和有毒的用途，如垃圾场、水处理设备以及垃圾焚化炉等等。这些位于城市和郊区之间的基础设施安排（其中郊区在大多数情况下处于从属地位）包括生物物理和新陈代谢关系以及各种技术连接：从

① 我在此处拓展了我和皮埃尔·菲利翁的合著（Keil and Filion，2016）中的一个观点。

农民的田地(关乎当地的饮食)到污水和堆肥回收以及温室中的高科技农业,郊区是这一代谢矩阵中的一部分,而城市则作为机械的和物质的实体,从中汲取滋养自己的养分(Hume,2015)。郊区提供的这些"基础设施服务"的另一个方面是,投入到构成郊区空间的网络、枢纽和场地的巨大资源费用。安东尼·金提醒我们注意"投入到郊区的很大一部分社会资源",就像他借鉴泰勒(Taylor)时所说,这种投入等同于为"封建欧洲中世纪鼎盛时期伟大的哥特式大教堂"做出的努力(King,2004:98)。

通常被认为只对郊区化区域自身发挥作用的郊区基础设施,最终却被证明具有多尺度作用,对大都市也有支持作用并且具有更高尺度的用途。区域基础设施规划师实施的回避策略支持郊区生活方式,这种迂回逻辑已经占据了郊区化区域。这一背景中的基础设施也对复杂的郊区景观进行了划分。例如,在这个语境中,郊区交通基础设施在整个都市交通结构的选址和交付中发挥着重要作用。在所有的基础设施问题中,出行问题尤为突出。本章将要讨论一些与公共交通、大都市之间的货物运输、汽车用途管理相关的重要问题,也要探讨一些更大尺度上的问题,如仓储、航空旅行、区域水资源、废水和废物管理等类似的与郊区肌理有关的问题。日益增加的出行改变了看似没有边界的城市/郊区景观;移动和连接变得不可知,也难以控制(Bertolini,2012)。多少带来一点安慰的是,郊区基础设施不再仅仅被看成一种负担(依赖汽车)①,还被视作能够满足人们多重需求的服务体系中的一部分,这些人

① 在关于出行的城市/郊区讨论中,常常听到这样一些争论,这些言辞都已经成为老生常谈了。例如,在常见的交通用地反馈循环中,就有"郊区化和汽车使用量增加互相强化"这样的推论,这在气候变化时代无疑是一个令人担忧的问题(Bertolini,2012:19)。

“居住在此处，工作在别处，还要去第三处购物、照料他人或娱乐”(Bertolini，2012：16)。同样地，“商业过程在空间上越来越铰接在一起”。当出行增加时，上述两种趋势给用户提供了更多自由，但也使得出行更加成为对用户的制约和他们的需要。用户需求的复杂性以及供应的不足和不当结合在一起，使得传统上可预测的交通用地/反馈周期成为很多不确定性的源头。更加糟糕的是，此类不确定是“不可减少的”，需要新的规划和政策战略来给郊区化区域提供可接受的出行方式(Bertolini，2012：17)。

郊区化区域的出行治理在各方面遇到的困难和困境日益增多。实践者和理论家们摒弃以前的“预测和提供”与“预测和阻止”方法来应对这些挑战，并倾向于一种“可持续出行”范式，这种范式试图“明确认可各种出行需求和愿望的出行形式，同时能够减少出行带来的负面影响”(Bertolini，2012：18)。但是仍然存在一些重大问题：在一个被“城市”和“郊区”利益划分的区域，或者在一个分裂成用途关系不相容，或者更糟糕的是用途关系相互矛盾的区域，综合基础设施项目很难实施；对于(意味着纳税人的责任的)长期国家赤字和债务心存疑虑的选民不同意把钱花在基础设施上；技术变革太快以至于无法做出令公众信服的合理决策。因此，最终的结果经常是“那些开车或骑车的人被堵在路上，而不开车或不骑车的人则被排除在外”(Bertolini，2012：18)。在既有面临巨大财政赤字的地方，也有另外的供应过剩的地方，忽视贫困和不出行人群的(Hertel et al，2015；2016)基础设施“既过多也太少”(Young et al.，2011)的后郊区区域，并且在结构上不利于最需要升级的夹缝空间的政治体系中(Young and Keil，2014)，要达到交通公平实为不易。鉴于“真实存在的”郊区化地区的出行问题的严重性和规模性，不同尺度上的众多利益相关者需要参与决策过程；在常常存在地方利益矛盾、竞争和快速变化的技术解决方案和有争议的政治话语的势力范围，这些利益相关者必须调和完全不同的出行利益（Addie and Keil，2015；Savini，2013）。

在这一章，我试图将有关基础设施的争论从“基础设施即讯息”（Filion，2013a）转移到郊区基础设施是城市区域的命脉这一点。菲利翁对郊区基础设施提出了敏锐的看法：“基础设施可以被看作是媒介，它们传达出的讯息则可以被视作郊区发展所具备的形式。换句话说，基础设施的作用并不局限于被指定的人员流动和货物流动任务。相应地，交通和污水管网不仅仅运送人员和货物或者疏散人类制造的废物；它们也对这个地点以及城市发展的形式，特别是对城市密度，产生决定性的影响。其他基础设施也是如此，比如配水、电力和电子传输等。”（2013a：40；也可参见 Hesse，2013）这一观察的焦点仍然是郊区自身，基础设施的覆盖范围、规模和模式生产和塑造着郊区，也为郊区提供服务。不仅仅是郊区形态，郊区生活也以这种方式形成：“时间预算、工作和消费行为都附属于郊区活动的性质及其分布。由于基础设施是构成郊区发展的一个主要因素，它们实际上有助于形成郊区生活风格。”（Filion，2013a：40）值得注意的是，不论是菲利翁，还是给予菲利翁灵感的马歇尔·麦克卢汉（Marshall McLuhan），他们都不是技术或基础设施决定论者，但是他们都看到，技术通过社会和政治决策过程而对（郊区）形态和生活产生影响。还需要补充的是，郊区环境中形态和生活相互交织的方式与它们得以存在的系统条件有很大关系：郊区基础设施可能导致十分相似的形态，例如，东德或西德城市外围的塔楼住宅小区，但是 1989 年以前，这些综合体中的生活在很多方面都大相径庭；与此类似，出行基础设施可能导致中国新城镇和都柏林外围以公共交通为导向的发展，这些发展看似相同，但是因为劳动力市场、商业设施、社会福利服务等的可获得性迥然相异，这些聚落的生活也各具特色。最后，欧洲和北美的郊区单户独栋住宅式街区的布局可以归因于汽车依赖性，但是与美国和加拿大相比，将居民与商店、学校、各种服务和公共交通连接起来的自行车基础设施，在欧洲存在的可能性要高得多。因此，不是所有的基础设施“讯息”都可以用相同方式读取。

基础设施可以被理解为建设和理解城市外围的基础之一。郊区基础设施已然成为城市出行和流通、信息分布和社会-自然新陈代谢的关键所在(Keil and Young，2009)。虽然人们更多关注的是全球城市市中心基础设施的“最后一英里”(Graham and Marvin，2001)，但是郊区系统网格及其运行和亏损，已经成为软基础设施和硬基础设施中的主要关注点。诸如出行、供水和排污、通信和能源之类的物理基础设施，以及如健康和教育这样的社会基础设施，是郊区发展的重要维度(Filion and Keil，2016)。在“现代”城市和郊区，这些基础设施被认为是网络化的，将上下游连接于不同尺度并且通过这些尺度建立和实现：从全球经济和融资或技术开发到地方公共汽车站、郊区住宅的水龙头和角落里的蜂窝电话塔，基础设施表现为各种复杂的大型技术体系(Hughes，1987)，这些体系在城市/郊区环境里创建了生活。事实上，作为“现代基础设施理想”一部分的网络体系，也许只可能在全世界小部分城市里实现，而在全球南方和东方的城市外围城市化过程中则很难实现。西方国家的基础设施曾经一度是城市一体化的象征，而今这些设施却会让那些面临成本较高和/或服务较低的郊区的大都市区域“四分五裂”。在郊区基础设施供给从未得到普及的后殖民世界，新的基础设施创新技术和治理模式与郊区增长紧密相关(Kooy and Bakker，2008；McFarlane et al.，2014；McFarlane and Rutherford，2008）。如今在全球很多我们可以发现最具有活力和最积极的郊区化或城市外围化形式的地方，真正产生影响的不是物理网络系统，而是社会网络系统，这就是西蒙尼在提及“作为基础设施的人”时（2004）心里所想到的过程。现代的网络化基础设施与人们即兴、持续的出行和互通并存，这在今天大都市地区的快速爆炸式发展的外围并不鲜见（Siemiatycki，2006）。在许多情况下，从本地互不相关的特定服务的提供（比如井水）到更高更复杂的网络化连接秩序（比如网状市政供水系统），这些从前假定的发展轨迹不能被视为理所当然：结构不平等导致发展的平行路径（Gandy，2014；Swyngedouw，2004），以前被认为是必要的技术进步也许会被回避或者被忽略（正如在当今很多郊区环境中分布的是手机网络而非固定电话线路）。在基础设施技术的涌现和组织的生成上日益增加的不连续性，也让人们对正规和非正规基础设施的传统划分产生疑问，而这种划分被认为是 20 世纪现代性的一个明确标识。当今的郊区化依赖于上述两种基础设施，无论穷人还是富人，都要依靠提供服务时程度各异的正规和非正规性，这也是维持城市/郊区的生活和经济的必要条件。因此，基础设施既是现有政治、社会和经济权力的表现，也是通向这三方面新兴力量的途径，它们也与郊区化区域的治理（Hamel and Keil，2015）以及土地开发（Harris and Lehrer，2018）紧密相关。基础设施也是城市/郊区新陈代谢的基石，特别在确立和界定拥有自然环境、蓝绿景观和后郊区政治生态的全球郊区的边界和过渡这两方面更是如此（Monte-Mor，2014a，b）。与自然环境和新的城市政治生态有关的动态和新兴的社会关系预示了全球各地郊区化的一个重要方面（参见第八章）。

一些基础设施的郊区化是使城市新陈代谢网络隐而不见的过

程中的一部分，特别是在区域公共交通和交通基础设施方面(Kaika and Swyngedouw，2000)。事实上，这也是把城市有区别地分裂成城市区域中功能空间和价值空间过程中的一部分(Addie，2016；Graham and Marvin，2001)。弹性化后福特主义全球经济中的硬基础设施和软基础设施落户于大都市圈的郊区地带(机场周围、商业园区和购物商场等)，这些设施已经成为轨道、线路、微波塔、跑道和高速公路构成的全球化网络的重要部分，也是城市革命全球化新陈代谢的中继站。

在所有这些方面，郊区基础设施是全球化经济和大规模人口区域化生活世界的核心，因为它们是经济和日常生活的渠道和促进者。它们可以是郊区扩展的中心地带，也可以是列斐伏尔构想的内爆和外爆(2003)的重要途径。郊区主义是一种具有扩展型景观的生活方式。这种景观是有序的，而且基础设施使得这一景观具有可达性。郊区生活方式遍布于广阔的扩展型城市化景观中。通过国家、积累和私人威权手段(Hamel and Keil，2015)以及郊区土地的生产(Lehrer，Harris and Bloch，2015)，郊区基础设施问题与郊区化治理产生直接联系。

郊区主义通过如交通网络和供水/排污网格系统这样的技术基础设施的扩散，系统地扩大其领域。但是在新兴的和现有的郊区景观中，特别是今天已经对全球产生影响的不正规的非传统郊区化变体中，也存在所谓的“基础设施荒漠”。这些荒漠形式各异，要么是绝对意义上的荒漠，如完全缺乏淡水供应的棚户区；要么是相对意义上的荒漠，如被主要基础设施网络拒之门外或者“绕过”，人们只能依赖较慢(但却常常同样或者更加昂贵)的二流出行方式，而特权系统的用户却能够享有更快捷或者甚至更廉价的一流的交通方式(Filion and Keil，2016)。在其他背景中，不正规的基础设施提供与城市和郊区背景相关的生命线，如很多全球南方城市中的小型交通工具和小规模运营商，这“能让那些无车族和弱势群体去上班、买卖东西和看病”（Cervero and Golub，2007：456）。在很大程度上，这些非正规的交通模式符合外围城市发展的要求，“也增加了劳动力供给，满足企业和工厂对各种技术水平工人的需求”（同上）。那些发展中城市在向城市外围扩张时，“比那些发达城市拥有更加单中心的城市形态。例如，在很多非洲和南美洲的城市里，三分之一或者更多的正规工作集中在城市核心区，这比大多数美国和欧洲都市圈要多得多”，这使得基础设施创新成为必须和可能（Cervero，2013：9）。在一些地方，即使正规的交通模式是外围扩张的一部分，交通设施使用权、成本和出行时间等方面也存在严重问题，比如大多数中国的新城镇就是如此。（Cervero and Day，2010）。

一些后结构评论家提出的建议是，作为各种参与者网络的基础设施空间（和郊区）可以具有“如一个斜面顶端的球体所有的倾向……这是构成成分之间关系而非移动部件的内在倾向”（Easterling，2014：72；2010）。这一空间“充斥着各种技术，它们相互促进，产生乘数效应：大量郊区住宅、塔楼大厦、交通工具、空间产品、各种园区、移动电话或者全球标准”（Easterling，2014：217）。在这个意义上，根据伊斯特林在提到在中国出现的巨大集合城市时的观点，郊区是“分区”，而郊区化则是劳动力的水平分工，一个主要得益于网络化基础设施的巨大生产网格，庞大的工厂厂房遍布于城市和社会。

至少在一定程度上，郊区基础设施必须被理解为资本投入都市圈新陈代谢的调节者和结果。郊区作为一种满足私人需求的基础设施景观而被售卖，它也是根据更大的积累过程和利益的要求而"运作"的大部分固定资本。郊区基础设施作为当前空间生产诱发的积累的固定资本支柱，这一作用往往不容易被看到。就像一个真正的恋物狂，位于基础设施网络末端、带有两个或三个车库的单户独栋住宅这一粗俗不堪的怪物被错当成今天大都市危机问题的原因，而这样的住宅（及其居住者）却没有被看成是满足更大资本积累目标的生产和消费的更大型系统基础设施的产物和迷恋者。在交换价值，即"劳动力的再生产"，是真正的目标的地方，使用价值，即"住房"，被置于最重要的位置。从这个角度来衡量基础设施的需要，将为这场辩论带来新的视角。

事实上，当涉及全球郊区化时，关于基础设施的思考起着特别重要的作用。出行研究领域奠基人之一的约翰·厄里（John Urry），在一本有关出行的最新手册的后记中，专门聚焦于美国以及全球蔓延对于气候变化的重大影响："自20世纪80年代以来，美国的许多新郊区建在距离城市中心遥远的地方。没有大众交通或公共交通把这些地方与城市中心连接起来。这样的蔓延型城镇依赖小汽车出行，进而依赖廉价汽油，所以新近到达的居民可以通勤上班，并开车去享受休闲和社交生活。"（2014：588）郊区基础设施已经成为代表我们这个时代生态和金融危机的最明显的社会-技术集合。这一危机正在寻求一个技术性的，但最终却是政治性的解决方案。

首先，郊区基础设施的政治是指麦克法兰（McFarlane）和卢瑟福（Rutherford）引入这一术语的方法（2008），也是指在考察决策制定的过程及其结果，特别是关于谁影响与基础设施相关的决策，以及这些决策如何对不同选区产生积极的或消极的影响时，他们所采用的方法。在政府责任范围内，是什么原因使得郊区基础设施单一化的？基础设施常常被认为是理所当然的，甚至在某些情况下是看不见的，这往往会抑制公众在基础设施相关问题上发挥积极作用。专家在决策制定中发挥的主导作用进一步降低了公众对基础设施决策制定的影响，这常常由与这些决策有直接利害关系的游说团体所主导。

在关于作为边缘化的郊区化的更大争论中，郊区基础设施政治发挥着非常重要的作用。事实上，在穆斯塔法·迪凯奇(Mustafa Dikeç)针对法国郊区命名的所谓的“共和国的荒地”(2007)，基于由国家政策提供的薄弱的基础设施(警察采取的其他暴力形式加剧了这种情况，还有种族歧视或大规模失业的方式[Dikeç，2007])已经建立起一种排斥的政治。因此基础设施脱节一直是公共政策讨论的中心，就如目前计划在大巴黎的框架下设计一个广泛的郊区内部连接网络一样(Enright，2016；Nussbaum，2017)。与此类似，2013 年在巴西爆发的大规模示威游行在很大程度上是对基础设施不平等的一种回应，这种不平等令这个国家蔓延的城市区域外围的穷人深受其苦；城市外围地区爆发的穷人的社会运动并不只是给基础设施染上一抹政治色彩，它们“也促进了巴西社会的民主化，并使城市空间质量和外围公共服务质量得到重大改变”(Caldeira，2013)。在洛杉矶，长期以来人尽皆知的是，交通公平/种族歧视与这个城市有色人种社区的特殊郊区化结构紧密相关(Soja，2010)。而在多伦多，我们已经看到，在这个地区的近郊，也就是所谓的“夹缝城市”，出现了与使用基础设施服务中存在的不平等现象有关的重大政治议题(Young and Keil，2014)。

公民社会的选民围绕基础设施问题组织行动起来，以从基础设施中获益或者避免其产生不利的负面影响。在这个背景下，我们已经看到交通公平运动的兴起，这些运动向基础设施投资和交付方面的制度和系统不平等,特别是向与城市和郊区中民族或种族群体以及阶级和性别群体有关的不平等发起挑战。这些运动已经成为要求“郊区的权利”这一更大的运动中的一部分,尤其是在一些靠近城市的老工业郊区,在上一代,这些地方因为经济衰退和/或新移民及贫困人口大量涌入而饱受其苦(Carpio et al.,2011)。

郊区在基础设施方面也表现出财富的尴尬:巨大的污水管道、门禁社区庞大的安保基础设施、多车道高速公路、远远超过目前甚或有时候是未来需求的工业和商业结构。郊区基础设施已然成为悄然出现的灾难性基础设施规划失败的象征,下面一些地方的情况便是如此,如蒙特利尔修建的米拉贝尔机场十分偏远且过于庞大,还有一个例子是正在不断缩小的东欧卫星郊区,居民数量减少引起该地区排污系统萎缩,实际情况是冲厕水太少以至于系统无法正常运行(Bernt,2015)。

斯蒂芬·格雷厄姆(Stephen Graham)曾经发表了关于基础设施“黑匣子”的著名言论。即使基础设施无所不在且体量庞大,它们也常常是隐形的且毫不起眼的。他问道:“当代城市生活中无数的电子产品是由燃料能源、发电站、传输线和变压器构成的特殊集合来完成电子传输的,但是世界上数以亿计的新兴城市居民中,究竟有多少人会时常对这些集合进行思考呢?或者思考一下大量的服务器、卫星、玻璃纤维和路由器。”(2011:67)在许多方面,郊区基础设施一直以来扮演着终极黑匣子的角色。作为一个带有“倾向”的“分区”(Easterling,2014),郊区基础设施在一定程度上自给自足并且服务于郊区自身,有时候服务于城市区域的其他部分(包括市中心和其他郊区),郊区基础设施网络和网格大多是不为人知的,因而也需要更好的理解和解释。就像郊区本身遭受忽视一样，郊区基础设施同样也被简单化和模式化了。

改造后郊区的郊区基础设施

在当今城市主义议程上的郊区景观重建方面，我们必须看到经过改造和重新利用的郊区基础设施在推进这一过程中扮演着什么样的角色。郊区更新方面的思想领袖埃伦·杜汉-琼斯（Ellen Dunham-Jones）指出，在日渐老化的郊区可能会发现“极好的基础设施及其在现已扩张的都市圈处于相对中心的位置”（2015）。如果我们更进一步，把住房看成一种郊区基础设施（Young，Wood and Keil，2011），我们可能会把郊区高层塔楼更新和能源改造纳入考虑范围（Hume，2015）。甚至更深入一些，我们可能将整个郊区景观看成一个需要能源更新的大型技术系统（LTS）（Dodson，2007；2014；Dodson and Sipe，2009）。

全球范围内的城市和郊区面临着比以前任何时候都更加多样化的基础设施问题；与此同时，有关人们如何出行、获取能源和水资源以及如何交流沟通等长期问题的解决方案也比以往任何时候都要多，也愈加相互关联。技术创新和治理有时候与现有商业模式和工作组织是一致的，而有时候则对它们造成重大破坏。例如，推动出行领域创新的公司主要是软件公司和其他 IT 企业，如脸书、苹果或谷歌；另外一些如优步、奥托或来福车这样的公司，则是过去十年里崛起的新创企业巨头，它们在市场和公共辩论中占据主导地位。企业咨询公司麦肯锡在 2015 年的综合报告中总结了城市出行的人们所期望的创新范围，以分析他们看见正在发生的初期“城市出行革命”。他们确定了近期将对城市和郊区可持续性出行产生影响的七个因素。在直接影响郊区基础设施的因素中，他们指出了私人拥有的交通工具,并明确了"(他们看见的)四大技术趋势融合:车载连接、电气化、汽车共享以及自动驾驶"(Bouton et al.,2015;也请参见 Guerra,2016)。该报告预测,在既有的和新兴的城市区域——我们推测其中大部分会影响当今大都市区域广阔的郊区化地带——这四种趋势将与现有的治理和监管形式产生多种交互,从而创造大量新的基础设施集群,这将改变郊区土地利用和出行互动的方式。在这一过程中,基于汽车扩散和分区制的传统(美国)郊区化是否还是一种可持续的城市建设方式,这一点受到质疑(Bouton et al.,2015)。相反,报告赞美一些新兴模式,比如以公共交通为导向(TOD)的发展模式。"例如,在位于中国西南部的成都,正在兴建一座可容纳 80 000 人口的卫星城,这可以成为现代郊区的典范。今后将成为大成都天府新区的这座卫星城,整个布局中并未将驾车作为一种必须的出行方式,相反,街道的设计理念是,任何地点都在 15 分钟之内步行到达。城中只有一半道路允许汽车通行;其余道路皆为步行者和骑行者所用。"(Bouton et al.,2015)这里有必要补充一点,与美国典型的住宅区形成鲜明对比的是,很多修建于现有村庄和城镇之间的欧洲郊区一直具有这种多式联运模式,并成为中国郊区设计的范例,比如上海郊区的汽车工业新城安亭,便是仿照一个德国郊区小镇的形态和密度而修建的。

新兴城市/郊区环境中的基础设施可能超越它们在原产地的创新。以下地方基础设施的巨大成功便是如此,例如哥伦比亚波哥大的新世纪快速公交项目(Montero,2016)、巴西库里蒂巴备受推崇的交通系统、新加坡对私有汽车用途的监管以及上海的地铁系统(Shen,2015)。在关于如何应对城市外围出行问题的全球辩论中,上述及其他例子中的地方已经上升为领先者,它们也挑战了殖民叙事，这种叙事过去常常暗示创新来自在工程、技术知识和应用上处于领先地位的全球北方。近来，这一叙事一直在发生变化，这是因为随着全球南方出现更加强劲的增长和更加迅猛的发展，城市/郊区化模式已经发生了更普遍的变化。阿纳尼娅·罗伊指出，在这些学习过程中，现在出现了很多南-南相互参照："尽管在城市主义语域中可以读到到此类实践活动的相关叙述，但是关注它们的世界化特征仍然很重要。……相互参照……揭示了城市空间的生产如何通过参照城市主义模型来实现。在印度，城市规划师和城市精英把上海和新加坡这样的亚洲城市模型作为参考并从中获得灵感。这种相互参照的方式使得全球南方国家反乌托邦式的城市无序转变成城市秩序和后殖民自豪感成为可能。"(Roy, 2011:10)虽然基于基础设施的城市主义方面的相互参照唤起技术觉醒，这方面已经有很多显而易见的成功案例，但是一些批评的声音也指出，事实上，此类手段可能会加剧全球南方新兴城市中业已存在的不平等。例如，在里约热内卢，火车、高速公路和自行车快速路将城市中心与南边巴哈德提虎卡的奢侈门禁社区连接起来，但是却几乎没有可以连接北面贫穷郊区的基础设施。虽然在外围地区引进电缆车以连接贫民区和地方行政区，使得那里的人们有了更多出行选择，但是此类投资却因为将公共资金花在一项样板工程上而忽视了其他问题遭到诟病。在一定程度上，引入电缆车至少应该被理解为"美化贫民窟"的工程(Rivadulla and Bocarejo, 2014)。这方面还有很多来自全球南方的例子，其中包括印度德里地铁的建设。德里地铁更多地被看成是一项形象工程，而不是一条真正有利于人们出行的地铁；它还绕过城市的贫困地区，从而加剧了现有的不平等(Siemiatycki, 2006)。

在这种背景下，我们在全球南方的基础设施理论方面还发现了另一个重大理论贡献：人自身就是基础设施的概念（Simone，2004）。当涉及城市和郊区的基础设施组织时，这一挑战引领有关基础设施的辩论远离西方对技术和物质的关注。我们需要了解的是，整个关于基础设施供给（供水、出行等）辩论的重点过度集中于核心地带的固定资本，却忽视了外围地区的软基础设施的能力和创新（Swyngedouw，2004）。毫无疑问，这就是我们所了解的认识论视角上的一个主要问题。世界范围内的大多数城市/郊区从未实现“基础设施理想”，这种理想仍然只是以城市外围继续得到基础设施供给这种方式编造的一个强大的虚构故事（Kooy and Bakker，2008；Bakker，2010）。

郊区基础设施创新不仅仅是全球南方和东方新兴都市，也是既有城市区域的一个要素。保罗·康维茨（Paul Konvitz）在评论巴黎郊区地铁支线扩建计划时说：“通过较高人均收入、花费和较高的公司利润而得到的回报率，使得这一规划成为一种具有百年视野的明智投资。当颇有远见的政府为城市未来制定战略框架时，现金充足的私有部门便会迅速行动起来。”（引自 Florida，2016）公共交通创新和破坏的社会地理既是特殊的又是矛盾的。在“交通用地反馈周期”（Bertolini，2012）的现状受到质疑时情况往往如此，这是因为它从大规模郊区化开始就已经存在了，当时创建郊区的汽车和公共交通基础设施的目的在于应对从郊区到中心城市或者反向的单维度和单向的通勤流。今天的大都市交通需求不一样，通勤模式发生了改变，就业节奏也失去了可预测性。例如，在巴黎，“过去 20 年来，就业重心从巴黎向西转移到郊区，给静态基础设施和流动性较低的住宅市场带来难题。对于很多居民来说，家庭和工作之间存在巨大分歧。到 2020 年，预计近郊地区的通勤率将增长 15%，届时这些分歧只会进一步加深”（Enright，

2016：108—109）。

在这些情况下，只能把郊区基础设施放到一种复杂的矛盾动态模式中去理解，这种模式包括住房和就业、仓储、商业和其他地理问题。这一点在旧金山湾区不断扩大的科技产业引发的当前危机中也许是最明显的。在这里，就业增长、消费偏好变化、企业区位决策以及城市和郊区的限制性政策引起的严重的房地产紧缩，所有这些因素加在一起构成一场重大危机（Cutler，2014）。虽然所谓的千禧一代大多被认为是喜欢居住在城市而不是郊区的一代人，他们也使得一些老牌城市的汽车销量大幅度下降，但是他们中的许多人都在一些科技公司工作，这些公司还在继续拓展如硅谷一样的郊区，例如在硅谷，脸书的员工如果在位于城市外围的总部就近居住，公司会提供数千美元的补贴。另外，许多位于硅谷广阔郊区的公司提供私家巴士服务，方便员工往返于上班地点和湾区，特别是旧金山其他街区。结果，位于科技工作场所和高档住宅区之间的新建道路沿线的各处社区组织起来以阻止出行及土地使用的变革浪潮，他们认为这场浪潮将使现有人口和传统劳动力关系中的从业人员处于不利地位；新大巴公司的工人成立工会以加强他们与公司雇主谈判的地位（Guardian，2015）。很多新技术及其社会网络都与推动再城市化有关（Cutler，2014）。

结论

列斐伏尔意义上的爆炸过程可以被具体地看成如本章所讨论的技术-社会发展："出行增加、住宅和商业功能分散、数字通信爆炸，还有家庭和公司分裂。"（Balducci，2012：4）这些真实的功能分离过程"现在正表现出它们的联合效应，并对'城市'及其结构进行了深刻的重构”（Balducci，2012：4）。巴尔杜齐（Balducci）还坚持认为，“城市空间新的构形以共存而不是替代或对抗为基础”（2012：5），并且大都市外围的发展“不是与中心城市财富对抗的发展，相反，它是城市发展新形式的一部分。外围因其内在的活力和吸引力以及中心城市活动的移位得到增长，从而创造了一种新的空间模式”（Balducci，2012：5）。

第八章　郊区化的城市政治生态

> 这些空间被生产出来，生产它们的“原材料”是自然。它们是涉及经济和技术现实主义活动的产物，但又远远不止于此，因为这些空间也是政治产物和战略空间。(Lefebvre, 1991)

> 自然与社会被分割之后，消亡于彼此之间的概念模糊之中。(Smith, 2006)

本章开篇的题词指出，在涉及社会-自然和城市新陈代谢的过程中，城市和自然不可避免地重叠在一起(Swyngedouw, 1996)。越来越多的有关城市政治生态(UPE)的文献考察了这些关系，这些文献“与其说是关注城市中的自然，倒不如说是关注自然中的城市化，也就是各种自然在社会上被调动、在经济上被整合(商品化)，在物理上被代谢/转化，以支持城市化进程”(Swyngedouw and Kaika, 2014: 462—463)。城市政治生态探究现有的权力关系，并将城市视作人和自然相互作用的历史产物。正如尼尔·史密斯上文所说，支撑大多数城市政治生态研究文献的主题之一是城市和自然不被看作分离的实体，相反，它们相互交织并且不可分离(Heynen，2014；Keil，2003)。这恰好与关于城市和自然的历史观点，特别是19世纪资本主义的城镇和乡村之间的明显分割，形成直接对比(Wachsmuth，2012：508)。

本章主要讨论郊区政治生态。作为一个地方的郊区、作为一个过程的郊区化以及作为一种郊区生活方式的郊区主义，在当今关于气候变化、可持续性甚至弹性的辩论中，一直被视为中心议题。作为地方的郊区被看成是不可持续的，郊区化则被视作一种应该被阻止的过程，而郊区生活方式被认为无法应对正在变暖的地球所面临的各种挑战。在这一章，我们通过三个相互关联的视角来探讨这些突出的话题：密度问题、边界概念和与人类世相关的挑战。在三种情况中我们都将看到，郊区是一个对新的社会-自然各方面进行协商的复杂地带。城市外围及其形成和维持过程并不仅仅是引起气候变化的罪魁祸首，它们需要被看作是与自然的复杂社会关系，由此可能产生新的行动倾向。

在这一方面，传统的城市政治生态只是在一定程度上发挥作用。在城市政治生态辩论中，也只有部分参与者关注各种郊区问题(例如 Jonas et al.，2013 and Pincetl et al. 2011；Robbins，2007)。我在此感兴趣的是，对于定义了当今城市增长的激进郊区化过程的理论化，城市政治生态能做出什么贡献？这也成为本书的主题。首先，城市政治生态将城市概念化为一个位于更大的社会-空间系统(城市区域)内的子系统，并且新陈代谢概念突出了多尺度系统之间的相互作用(Heynen et al.，2006)。特定的基于地方的代谢关系包含在外部尺度和拓扑关系中，并由其构成，这些尺度和关系定义了特定区域的代谢。例如，新郊区的移民、用以资助住宅区建设的国外资本、通过定义边界的世界市场提供的商品，以及贯穿郊区前沿的代谢关系。但是需要通过区域监管下的本地行动，才能够稳定和再现这些新陈代谢。密度用来确定哪里是城市的中心地带。在某种程度上，城市和非城市是通过像绿地这样的边界设定的政治和社会生态来定义的。而我们对于人类世世界生存的理解很大程度上与我们在城市化扩展形态中的生活方式有关。尽管我们可以把城市区域的新陈代谢想象成一个由人类和非人类生命组成的无缝之网，其中代谢流连接起有机体，但是我们也必须认识到限制那些代谢流的障碍和推动它们的渠道。让我们一起来看看这场有关密度的辩论吧。

公园里的塔楼、花园里的平房：外围密度、都市尺度

在城市/郊区政治生态方面，最近我们对下面这种观点已经习以为常，即在人口密集的紧凑型城市比在城市蔓延而成的低密度郊区聚落形态，更容易实现“可持续性城市发展”(Keil and Whitehead，2012)。然而，我们也许不得不再次反思，密度的简单对立能否成为可持续代谢关系的单一标志。恰如本书所论证的，传统上郊区具有各种规模和密度。尽管如此，通常它们却被想象成低密度、私人化和汽车化的地方。对特定郊区生活形式的单一性关注是目光短浅的，也限制了我们把郊区看成是一种全球现象。至于低密度郊区形态被视作是不可持续的，郊区计划在整体上也(常常正确地)被标记为破坏我们时代的社会-自然的主要原因。但是密度故事可能更加复杂。

在这一部分，我将厘清真实存在的郊区及其与密度相关的一

些经久不衰的神话。我认为尽管一直以来郊区的密度都是混杂多样的，但是强调某种特定形式的美国风格独特的郊区化导致了对社会保守主义、财产所有制和特权的文化政治的关注，这掩盖了郊区的另外一些社会和建成形式。对于今天我们在城市区域面临的一些最紧迫的社会、经济和环境问题，后郊区都市主义必须通过一些途径找到解决方案，而其中一些途径也被上述现象掩盖了。在这些表征的反面，作为理想(化)社区的典型郊区形态的出现，有助于隐藏贫穷、多样性和变化，也让人们对郊区内部现有差异的看法显得模糊不清(Touati-Morel，2015)。这种看不清全局的盲目性与很多视郊区密度为问题的城市规划师和城市主义者所采取的规范立场形成互补之势。这引发了超密度议题，最近有人呼吁建立一种城市主义模型，要求在人口密度更高的城市核心地带，以每英亩 30 个住房单元的密度为标准集中更多的人口(Chakrabarti，2013；Glaeser，2011)。在此语境下，我不考虑超密度议题的论理反面，即对低密度聚落的规范性偏好。这一偏好在很大程度上与美国自由主义的某个分支是一致的，几乎没有思想价值，也完全没有政治价值或合理性(Cox，2012；Kotkin，2013)。

在(即将被郊区化的)农村历史聚落，相当大的程度上基于圈地原则，以“直接影响国家领土形象和想象的新型象征经济”这种思路(Sevilla-Buitrago，2014：251)为线索编织了一种新的叙事。单户独栋住宅对于这一想象极为重要，它很好地适应了不断增长的住房大规模生产形式的需求，满足了开发行业在地区性住宅网络中使其利润最大化的愿望，这一点加强了郊区模式核心地带的平房-大厦房屋的作用(Ford，1994)。这种理想最终也注入了 20 世纪美国特色的大规模郊区化。但是，正如凯勒·伊斯特林所言，“当(一个)针对郊区的设计理念被确定将给众多住房带来乘数效应时,它就变得更加强大”(2014:84)。当空间和其他材料的消耗没有边界时,住房变成了福特主义-凯恩斯主义积累体制的中继站,它的地位延续到目前的大都市郊区时代(Knox,2008)。与此同时,个人住宅作为社会生活中心的自由主义理想,与现代主义规划和国家官僚制度对城市经验制定秩序和规范管理的强烈要求相冲突(De Meyer et al.,1999:17)。

我们已经看到,郊区化是随着“后工业社会”——“一种新型城市的化身”(同上:27)——的扩展而发生的(同上:24)。这个新城市被称为“后郊区”,它不以传统核心为导向,具有分散、多焦点、不连续性、密度易变且多中心的特点。尽管后郊区变化形式多样,程度不同,但现在却遍及全球各地。在世界上一些区域,比如苏联国家,曾经密集的外围地区现在的发展模式让人更多地联想到西方国家的郊区发展模式。因此,20世纪90年代之后,该区域城市外围的单户独栋住宅建筑呈爆发式增长,也出现了大量西方国家夹缝城市所特有的大型商业开发项目(Stanilov,2007:179—186)。这造成一种混合式景观,赫特(Hirt)和科瓦切夫(Kovachev)将之比喻为东欧异教传统中的“多头神”,“面向过去、未来以及世界不同方向的四个角落”(2015:193)。特里·麦吉在自己的一部探讨全球南方后郊区化的著作中得出的结论是:“对于郊区最好的定义就是一种聚落类型,它是包括高层公寓、连栋房屋、公寓楼、家庭住宅和非法聚居点在内的住宅聚落类型、商业和工业空间以及基础设施所形成的多种建成环境类型中的一种,这些环境现在是新兴的城市化世界肌理的一部分。”(2013:25)我们还可以补充一些从印度(Gururani and Kose,2015)和非洲(Bloch,2015;Mabin,2013)的经验中得到的类似观察。在中国这样一个新兴的城市/郊区化国家,吴缚龙看到了一个正在进行的“郊区城市化”过程,“郊区发展更多的是关于城市化和郊区化的区域，在人口构成方面也极具多样性”(2013:194)。在对北京郊区望京的案例分析中，弗莱舍(Fleischer)记录了不同形态的层级和类型(2010)，这些形态在过去20年来迅速凝结成一种多样化的成熟郊区景观。

弗兰·通金斯(Fran Tonkiss)指出，在全球视角下，“对于大多数城市经验而言，有关密度和蔓延的辩论不仅已经变得毫无价值，或者只是一种语义上的讨论，而且也越来越不相关了”(2013:43)。然而，密度，或者说得更具体一点，较高密度而非较低密度，在城市规划领域却颇受青睐。密度常被视为可持续性，甚至弹性的一个必要的前提条件，它已经成为罕见的不受质疑的规范性目标。密集化和集约化——常与紧凑性概念搭配在一起——是城市规划和发展中的理想过程。它们是以中心城市为基础的环境政策的原则，这些政策表面上针对21世纪与步行、自行车和公共交通等出行选择紧密相关的城市。一场为“城市蔓延修复”和郊区城市化而进行的战斗，造就了由游历各地的城市学家、学者和规划咨询顾问组成的行业，这些人中不乏严肃派(Dunham-Jones and Williamson, 2011; Jessen and Roost, 2015b)，也不缺天真一族(Gallagher, 2013)。如果不是在一定程度上存在矛盾的话，这种对密度和紧凑性的热情很容易理解，这是因为它未考虑与可持续性和弹性相关的其他方面，从而忽略了对(抽象的)密度概念的单一关注相关的复杂问题(Charmes and Keil, 2015)。

今天人们对于密度和紧凑性的偏好是如此强烈，但显然并非一直如此。事实上，一些现代主义者曾经提议将城市拆解，并在新的理性都市景观中重组城市，重组后的城市也许拥有密度核心，但整体上却将是非常分散的(De Meyer et al., 1999)。总的来说，郊区化区域使“建成城市的面积范围增长速度超过人口增速”的趋势得以显现(Bunting et al.,2002:2534)。至少自20世纪90年代以来,城市的功能和密度已经分离了(De Meyer et al.,1999:27)。在被边缘城市和技术郊区刺穿的城市区域,功能元素和密度的混合成为后郊区夹缝城市的规范标准(Garreau,1991)。在这个过程中,例如在加拿大,“浪费的密度”(即高密度住宅区岛屿被围困在低密度的单户独栋住宅海洋之中)被视为大都市空间分布不可避免的后果(Filion et al.,2006)。在过去一代人的时间里,随着多密度、多功能的新城市区域出现,它始终在反抗系统分析的制图表示方法和规划干预的实施(De Meyer et al.,1999:30—38)。

为了理解密度的一些内在矛盾,我们应该再次对密度进行审视(McFarlane,2016;Tonkiss,2013)。我们可能会提出以下问题:是否有“良好的密度”或“糟糕的密度”之分?这一术语是否如通常所认为的那样具有非常简单的积极意义?除了对环境的积极影响之外,集约化过程是价值中立的吗?我在下面提出一些意见,也许在政策和规划辩论中讨论这一术语时可以加以考虑。我在此的主要兴趣是,在关于城市化的对话中阐释密度概念,即增加郊区的密度。

如果谈论郊区和密度,我们需要首先认识到这两个术语都很“混乱”。它们的定义不是很清晰,但是大家都在确定无疑地使用它们,这往往导致激烈的争论和误解。郊区和密度存在很多版本。在越来越多的关于如何应对郊区和郊区化的争论中,大多数自诩为城市学家的人有着明显的规范性偏好。由于土地的无度利用、基础设施成本的增加和社会-空间结构的分离,郊区发展耗资巨大,并且注定是不可持续和不公正的。对于中低密度的文化偏见也带有某种殖民主义色彩。规划专业人士和一些有远见的人士自己往往对城市核心区的绅士化街区十分熟悉,他们似乎最了解有益于郊区和地球的是什么。他们往往也无视除北美或欧洲以外的语境中对低密度生活的文化偏好。在这个过程中，全球南方国家之间在城市建设方面的相互参照（无论好坏）常常遭到忽视。事实上，大多数北美人和欧洲人憎恶在非洲棚户区和贫民窟看到业已存在的低层密度。例如，在某种意义上，尼日利亚首都拉各斯是世界上人口密度排名第四的大城市，每平方公里人口密度为18 150人，但是这个城市的建成形式和网络基础设施却难以支持其城市生活，即一种北美人和欧洲人将之与良好密度联系在一起的生活（CityMayors Statistics，2007）。在常被奉为非洲城市化成功案例之一的马普托，仍然有8%的人口居住在贫民窟（Campbell，2005）。那里的话语不是密度而是贫穷，不是富足而是需求。通金斯也认可这一点，“密度问题处于两者之间一个不确定的位置，密度在这里变成过度拥挤的临界点，特别是在贫民窟背景下，这个临界点从来就不是很清楚”（2013：38）。

如果你不考虑更广泛的社会背景及使用模式，那么作为特定场地特性的密度就毫无意义。一个人可以生活在一个紧凑而密集的、适宜步行的社区，但却要长时间驾车或者乘坐公交车去很远的地方工作。在非传统的家庭不再遵从过去（城市/郊区）传统的男人挣钱/女人持家模式的时代，选择居所也不再是线性的生活-工作关系的问题。如果一个家庭中有两个挣钱养家的人，他们很可能会在城市区域的不同地点工作，那么家庭所处的位置就不得不是一个折衷的选择。现在很多高等教育机构就位于大都市的外围地带（Addie，Keil and Olds，2014）。

另外一个背景是财富与阶级。富人常常居住在密集的社区，这些社区拥有很多文化、饮食和商业便利设施。但是可能这些地方不对公众开放，且设有门禁或者有门卫看守，以防止公众进入；

或者定价高昂,一般民众无力承担。也许这些地方本身也不是最具有生态可持续性的地方(Cohen,2014:151)。密度既可以是财富和权力集中的最佳方式之一,也可以是贫穷和压迫集中的最佳方式之一。富人可能居住在密集的区域,但是他们也更有可能去旅行、拥有一栋小木屋,驾驶很多大汽车。在这种情况下,居住密度也许对他们的住宅社区有益,但是对于整个地球而言却毫无意义。也许城市中心的绅士化迫使穷人搬迁到外围地区;这些穷人也许拥有多份兼职工作,这使得他们跨越广阔的城市区域来回奔波。他们不具备政治影响力,与那些居住在市中心密集的中产阶级社区并受过职业训练的富裕居民相比,他们对于自己城市中整个城市生活选择的影响往往是微不足道的。如果他们生活在塔楼街区,那么他们的家就会被质疑这种特殊生活方式的话语诋毁;如果他们生活在遍布平房的城市,那么他们的城市/郊区愿望和使用汽车的生活方式则被视为问题的一部分。目前关于密集城市的话语使得以上两种经验及其居民都被边缘化了。密度与蔓延的辩证法便是区域城市的现实,而关于密度的话语则以相当徒劳的方式形成相互对立的局面。

诚然,如查克拉巴蒂(Chakrabarti)所示,现在61%的美国人居住在独立式住宅里,这些住宅相对比较分散,在方圆约一英亩的土地上常常只有一户人家(2013:26)。尤其是在北美,在人均能源消耗、产生的废物等方面,支撑这些生活安排的是最不可持续的经济,这是一个真实的问题。在以更温和的方式建立的经济中,或者在全面推进生态现代化进程的经济中,以其他方式影响能源使用、出行等的经济中(即在迥然相异的国家,很多瑞士人和南非人生活在中低密度城市中的单户独栋住宅中,居住在这些房屋中不需要消耗太多能源,人们也不需要四处移动),同样的密度也许并没有带来灾难性的影响。密度-中心方程式是从城市区域的很多其他因素中提取出来的。权力和财富的复杂地理应该作为因素计入这个方程式,而不是只关注问题的一个方面:蔓延的郊区。

鉴于这种对特定密度种类的偏好,一些重要的观察是必要的。规划师和城市学家在一场双重运动中联合在一起,这场运动一方面谴责现有的和未来的郊区化,另一方面提议更加紧凑的再城市化方案。在这场双重运动中,以上两个步骤都存在问题。首先,对郊区和郊区化做出的一些假设也许经不起严格的审查。对郊区化所造成损害的拟议补救措施,主要是针对特定场地和以城市形态为导向的措施,还有很多情况未考虑在内。这些措施按照房屋、街道,也许还有街区的尺度得到贯彻执行,而更广泛的尺度以及那些尺度单位之间的拓扑关系却没有纳入考虑范围。区域和世界仍然是城市密度的盲点。相对而言,关于城市密度的规范性辩论,对复杂的"郊区政治生态"知之甚少,也不了解在一个全面城市化的世界里维持城市密度的更大的城市/农村辩证法(Ajl,2014;Angelo and Wachsmuth,2015)。

根据刚刚讨论过的种种有关密度的规范立场,存在三个假设,它们是批判郊区蔓延的基础。

(1)"复杂性欠缺"假设。这一假设基于对当今郊区化构成的一个非常统一的描述。

(2)"郊区是不会改变的"假设。尽管内城被描述为城市变革和易变密度的鲜活实验室,但是郊区却被夸张地描绘为静止不变的。

(3)"郊区居民是被动的"假设。正如郊区一样,其居民也常常被认为是被动、自私和内向的,更糟糕的是,他们甚至被认为是与内城对密度的推动相对抗的。

在反驳这些规范性假设时，我和埃里克·沙尔姆从三个角度对密度特权进行了批判：

(1) 密集化政治。密集化并非中性的，而是在不同的政治阵营中引起争议的论题。支持密集化的环保论断常常具有可塑性，并且取决于发言者的利益和主题立场。高密度城市比低密度城市更具有可持续性的观点，仅仅在忽略很多更高尺度的能源使用问题等的情况下才站得住脚。当土地开发商、建筑商以及当地的政治精英以绿色战略为手段兜售增长(和他们野心勃勃的计划)时，智慧增长和新城市主义已然成为发展话语中的时髦词汇。

(2) 更进一步说，在密度辩论中，形态十分重要。密度本身并不能充分说明城市形态。还有很多种方式可以达到相似的密度类型。

(3) 现有郊区密集化管理体制不尽相同。它们相互之间存在很大的差别。物理景观和社会政治治理都呈现出一个广泛的光谱。在这样的语境中，阶级和其他社会地位差别十分重要。(Charmes and Keil, 2015)

在本节的结论部分，我们可以提出的观点是，真实存在的密度是高度不均衡的，郊区也像很多内城一样具有多样性。目前展开的增加密度的过程极有可能强化现有的不平等，这些过程对于可持续性的积极效果仍有待商榷。当务之急是要走出密度/城市-蔓延/郊区的思维模式，弥合城市市中心的高层公寓楼和城市外围的单户独栋住宅之间的差距。在下一代数百万的新移民尚未到达很多本就人口稠密的城市区域的情况下，我们不能以目前的方式来看待郊区或密度问题。我们不要再让郊区居民面对严格的密度规范性陈述，是时候改变我们对郊区的看法了。无论在实质上还是过程中，大都市区域的密集化必须是一件民主化和差异化的事情，这颠覆了很多公共辩论和规划话语中用到的陈词滥调。我们所提出的背离城市密度与郊区蔓延相对立的二分观点展示了一幅城市外围更加复杂的形态织锦。对于这一城市区域再政治化边缘的核心仍然是这些标志性意象：塔楼和平房。然而，不论是在物质现实还是意义上，它们也正在开始转变。最后，很重要的一点是，我们要认识到塔楼曾经位于公共的园区中，而平房却位于私家花园里(Poppe and Young，2015)。传统上，这一点表示围绕不同政治项目尺度的潜在冲突，一个是公共尺度，另一个则是私人尺度。如今二者都被置于后郊区景观这一更大的郊区政治生态尺度上，并且彼此相邻。

郊区政治生态的边界

> 作为一种形式和光源(一种具有启发性的虚拟形态)，一种持续不断的实践，一种(不同于最初自然的)自然的基础和源泉，城市隐约出现在地平线上。(Lefebvre，2003：108)

在这一景观中，传统的城市与自然的关系在城市政治生态中经受着考察，这些关系正在重新排列。这包括在社会和自然之间设定实际的边界，就如上述列斐伏尔引文中所推测的，这通常发生在城市化的光锥之内。郊区化自身是边界设定的一种方式[①]。郊

① 这一章节的部分内容基于凯尔和麦克唐纳 2016 年的合著。

区化既是一种反对城市的声明，通过在传统的城市核心之外提供新的住房、就业、娱乐和基础设施等与城市保持距离；也是一种反对更遥远的农村的宣言。郊区化以其自然的外部环境继续成为大都市区域的常见边界，这一边界形式各异，有“野生”自然的形式，比如加拿大北部，普遍是住宅区的郊区世界与更遥远的沼泽这一无情自然之间就没有明确边界（Shields，2012）；也有美国西南部的沙漠形式；还有外部为农耕景观或工业地区的形式。我在本节将探讨边界的郊区政治生态，具体而言就是郊区化过程中作为概念性边界设定的绿地。

郊区化在概念意义上和物理意义上重新定义了城市边界。其中主要的是自然和城市社会之间不断变化的关系。都市治理通过缓冲区、坡道、手指状的狭窄地带和城市的国家公园来划定这些边界，这些区域包括并且治理郊区扩张和/或保护大都市中心周围的自然或农业景观。目前，绿地倡议这一全球运动，正在努力向世界各地不同的城市地区的政治话语施加影响。从城市向农村的转变，一直以来就是人类存在的重要界面以及城市政治生态的显著标识。自古以来，内部/外部困局就一直是城市主义的核心问题：城墙、护城河和城门。城市永远由边界定义。在历史上，城市和腹地之间的清晰分界以下列两种方式之一呈现：边缘（在德语中用 Stadtkante 表示）和蔓延。显然，前者作为一种保护性建成环境具有重要的历史意义。基于残酷的物理征服，网状蔓延的聚居区在战时很难将敌人阻挡在外！但是社会进程和社会生态新陈代谢也总是在设定城市和郊区之间的边界。

郊区在历史上一直扮演着城市和农村分界线的角色（Teaford，2011：15）。因而边界是城市活动和非城市活动之间关系的历史-空间产物。毋庸置疑，在后郊区世界，我们需要反思这种二分法思维(Phelps and Wu,2011)。在后郊区环境中,同心圆式的郊区化过程中清晰的内部-外部关系皆溶于郊区空间生产中相互竞争和相互定义的各种动态中。不论新旧、不论贫富,不同文化背景中的人被分裂成多重依赖的多中心组织结构。由于超越指定的保护空间之外的跳跃式发展司空见惯,因而目前郊区化也十分普遍,在以绿地为分界的内外两边都可见到。

根据瓦尔特·普里格(Walter Prigge)对瓦尔特·本雅明(Walter Benjamin)的解读,绿地不仅仅是简单的边界,它们更是"阈值"(1991)。阈值具有一种空间特质,它不仅仅是线条,还是多层面协商空间。跨越阈值,视角也随之改变。作为阈值的绿地揭示了以郊区化为主要元素的现代都市性的中心矛盾。与此相关,劳拉·巴勒克拉夫(Laura Barraclough)考察了洛杉矶圣费尔南多的"农村的城市生活方式",她说这种生活方式拥有"复杂的过去,那时候农村、郊区和城市常常紧张地共存……山谷所独有的农村、郊区和城市景观融合证实了圣费尔南多谷曾经,将来也会充满竞争愿景——这些愿景与洛杉矶和美国西部大都市中种族、阶级和民族身份的协商方式密切相关"(2011:3)。

在不同地方,绿地在全球郊区化时代表现出的边界设定的发展动态也大相径庭(Amati and Taylor,2010;Carter-Whitney,2010)。在伯明翰、曼彻斯特和埃姆歇这些城市的老旧工业景观中(Basten,2016),弃之不用的空间体废墟上长满青草。在多伦多(Keil and Macdonald,2016)、伦敦(Gordon,2016)、法兰克福(Keil and Ronneberger,1994)、德里/古尔冈(Gururani,即将出版)和首尔(Hae,即将出版)这些城市的繁荣地区,绿地则是扩张空间和投影屏幕,呈现出"正在崛起"的全球城市(Keil and Ronneberger,1994)。

长久以来,在城市之外修建的绿地展现的是一种农村景观。分布在那里的基础设施的作用是促进农业生产，而在如贝洛哈里桑塔的蓝绿景观、伯明翰周围的黑人乡村以及鲁尔地区的埃姆歇山谷等地，其作用则是加强一些地方的工业或矿业活动。在此意义上，不论在物理还是社会方面，绿地矩阵都被认定为非城市的。然而，今天的绿地不能被定性为是不同于城市结构和关系的，而应该被看成后郊区关系和新式郊区政治生态领域的结合体。今天那些正在成形的绿地设计和用途，并不反对围绕那些绿色空间推动郊区扩张，而是与之展开对话。绿地基础设施用途不再囿于以农业追求为主导，而是由城市居民对真实和想象的绿色景观的兴趣支配。"副农业"用途(例如供城市儿童骑行的骑马场)超过了传统的农业娱乐。工业和农业历史博物馆化取代了绿地中实际的工业或农业生产。在这个意义上，郊区边界可以说是地理的、历史的和生态的边界。

这最终涉及农业和城市的关系：农业生产模式的基础设施现在成为一种针对区域大都会后城市(郊区)现实的新的空间修复。在大多数情况下，实际上位于郊区之外并与其空间形式和社会进程相关联的是一种具体的农耕景观，而非任何抽象意义上的"自然"。绿地作为郊区发展的边界而存在，也成为绿色空间其他用途的梦想空间和阈值。严格的边界并不存在，郊区已经从"自然"中涌现出来。

与自然的郊区化相对应的是，郊区和自然沿着被刺穿的边界相互重叠。绿地和郊区之间的地域边界使得一系列日益复杂的社会-自然的生产得以分离和协商，这些生产掩盖了 20 世纪初英国和德国与早期的绿地想象相关的城市-农村二分法的原始简单性。郊区及其外部自然环境的交界区是全球郊区化的重要前沿阵地，是当今扩展型城市化的典型特征，也是郊区化治理的一部分。大规模郊区化使具有新陈代谢功能但又杂乱无序的郊区星系得以形成，相应地，我们通过环境主题和合法化空间边界的设定来尝试限制这些扩张，这为我们提供了一个定焦镜头，让我们更全面地理解后城市/郊区化过程。

绿地的城市政治生态

城市化区域的发展已经开始变得像拼贴图一样多姿多彩。就如汤姆·西弗茨提醒我们的那样，即便是传统城市核心外部的绿色空间现在也以惊人的方式被刺穿，并且已经变成这个时代所特有的夹缝城市的一部分(2003,2011,2015)。狭长地带的隐喻是一种对流动的控制。在一个边境被刺穿的世界里，这一条包围城市的地带真的还能算是边界吗？作为社会关系与连接城市和非城市活动的自然的协商空间，绿地成为(社会/城市)自然生产的场地，在这里，郊区化和城市化被裹挟其中，被激活并被赋能。新陈代谢最终是关于在特定的社会-自然过程中各种流动的本地化(我们可以从物质或者技术系统的角度来思考)。按照社会-自然流动如何适应建成和社会环境，这也许铸造了城市/郊区化过程，并毫无疑问导致自然生态系统的开发，而反过来，自然得到(合理)维持和(合法)保护。绿地是一种重要的规划机制，因为它不但控制增长和流动，而且还被看成是城市弹性的重要景观(Buxton,2011)。在这样的语境中，绿地不仅仅被用作控制城市增长和防止城市蔓延的计划工具，而且还将为城市/郊区人口创造绿色空间。它们创造了一个(真实和想象的)农村和城市阈值。

对后郊区化的思考

这一语境中的边界，作为城市活动和非城市活动之间关系的历史-空间产物，在后郊区化世界，需要得到重新考量。在后郊区，农村和城市被消除并形成一种新的景观，城市、边界和边缘只是其中的几个元素。今天的绿地与城市没有本质区别，而只是凝结成后郊区关系、郊区化与其外部对抗暂时沉积的结合体。它们是在与推动周围郊区发展的对话中形成的。绿地基础设施的用途不再以农业追求为主导，而是取决于城市的公共和私人行动者对真实和想象的绿色景观的兴趣。今天，绿地通过自然的价值和保持其价值这样的话语发挥作用并引起争议。人们常常从效率和经济价值的角度看待绿地，这一点在自由主义社会十分常见（Macdonald and Lynch，即将出版）。与此同时，绿地的道德和政治地理可能十分复杂。鉴于所有施加于绿地的压力和对其提出的要求，“21世纪的绿地”是否以及在何种程度上能够阻挡郊区化浪潮，这一点目前尚不清楚。

在出行、水资源、食品、休闲娱乐甚至文化等部门，绿地成为形成新的新陈代谢关系（或者如你所希望的那样，生态系统）的场地。这使得绿地成为区域后郊区化的基本构成部分，甚至成为赋能者，因为新落成的和老化的郊区景观与它们在区域景观中的假定对应景观形成一种更适当的、也许更有弹性的融洽关系。这建立了与自然的不完善社会关系，这些关系以新颖的方式将城市和非/城市活动连接在一起。通过开发传统的“消费”土地方式转变成一种新的社会和城市自然的“生产”，后郊区化过程被裹挟其中、被赋能并不断涌现。罗翰·昆比（Rohan Quinby）警告说：“整个北美的建成环境都可归入后都市的时空生态，在类似郊区的水平和分散秩序内取代传统的城市逻辑。”（2011：128）同时伴随而至的是“大量对城市浪漫的意识形态书写，而这样的书写几乎没有揭示我们的环境与资本主义权力之间的联系。”（Quinby，2011：129）目前处于中心位置的新城市主义思想得以广泛实践，但是这种一厢情愿的思想几乎没有为更广泛的新陈代谢关系建立理论学说，而这些关系是内城、城市之间的区域及其外部郊区的城市生活再生产的基础。现在我们可以得出结论，以上述方式理解，在拥有水平高密度和商业化的空间，原本疏离并遭到破坏的新自由主义城市景观里，绿地并不是这个景观里静止不动的包围城市的封闭地带，也不是不受时间影响的永远保持祖母绿般鲜艳色彩的环状地带(Quinby,2011)。更重要的是，它是富有表现力的后郊区复兴的重要组成部分，这一复兴有可能超越城市破坏性高速增长及其传统边界之外的绿色博物馆化之间单调、对立的现状。认识到维持绿地及其周围环境的城市政治生态的重要的区域和全球新陈代谢，打开了一扇概念之门，让我们以一种新的方式将后郊区视作解放地带(Keil and Macdonald,2016)。

灰色过渡

郊区化过程自身的动态及其目前独有的多样性、密集性和发展模式，在广袤的大自然之上打上了深深的烙印。在人口和经济方面并不统一的城市外围提供了各种各样的切入点和与外部事物的连接。因此，郊区与绿地之间的阈值就是一个灰色过渡区。对此说法，我的灵感来自于奥伦·耶夫塔克(Oren Yiftachel)创建的术语“灰色空间”(2009)，这被他视作当今城市化世界特征的城市非正规性政治地理的独特之处。就我当前的研究目的而言，我所关注的空间与那些非正规的群集区域一样，是一些晦暗的区域并且具有“目光之外”的特质。但是这些空间属于我们城市环境中实施最严密监控的区域，也是一些严管区域。它们是整个城市区域在一个灰色地带进行投机和实现欲望的领域，其投射范围是："马场化"[①]、后福特经济扩张、郊区梦的终结地、特权阶层（新旧超级富豪）与最低工资劳动力共存于郊区仓库和工厂。灰色空间是有争议的领地。对于被排斥人群和弱势人群而言，这些地方不仅是他们享有不受监管机会的空间，也是他们迫不得已选择的避难所。这些灰色地带的居民十分清楚，国家权力可以将他们的属地变成一片"黑色"控制区。灰色空间可能变成过渡地带，它们反映了更大的社会矛盾和冲突（Yiftachel，2009）。

与此相关，阿卜杜马利克·西蒙尼介绍了适宜居住和不适宜居住的概念。在描绘扎伊尔的首都金沙萨的绿色郊区边界的存在方式时，西蒙尼强调了外围城市空间（和它们的自然）的短暂性的物质："因此适宜居住和不适宜居住之间的关系以提供新土地、新机会，扩展和建立在现有城市坚固性之上但同时也似乎在浪费它的事物的方式，而产生波动、分歧和重新关联。"这个过程总是处于运动和骚乱之中。重要的是，适宜居住和不适宜居住空间两者都由那些检验城市领域的地域完整性和可知性的关系构成："在金沙萨，一种近乎普遍的看法是，城市正日益向别处移动，因此很多居民匆匆忙忙地前往还在不断变化的，看似不毛之地的外围地区以争得一席之地。"西蒙尼继续说道：

> 在一定程度上，金沙萨的有形扩展中出现未开发的荒地这一现象，这是由提升土地价值的"旧有标准"造成的，在金沙萨案例中，通过本地投机行为与外部资金注入而抬高商业核心

① 马场化（horsification）一词指近年来城市外围区域休闲农业发展的一种形式，即开发利用该区域的一些草地并建成马场，以吸引游客前往游玩骑行，从而为当地创造经济效益。——译者注

区附近的老旧居住区房地产价格，从而提升了土地价值……

当城市化影响通过良性地带的缩小而“反驳”之际，金沙萨向腹地的扩张使得可能耗尽空间和时间的游戏得以延长。

从金沙萨的绿色外围，我们的目光进一步向东移动到印度首都德里周围一个快速发展的卫星城古尔冈的城市外围(Gururani, 2013)。一篇近期文章以这样的开头令读者感到震惊:“当你来到古尔冈的时候，第一件引起你注意的事情是这里数量庞大的摩天大楼，而第二个你留意到的便是猪。……村民们的土地被收购并开发，他们自己则被塞进古尔冈高楼大厦近旁的贫民区。他们饲养的猪和其他家畜自由地漫步于摩天大楼和私家住宅栅栏构成的迷宫里。”(Doshi, 2016)与安大略省的水平蔓延和金沙萨悄然进行的郊区化相比，古尔冈的外围城市景观是一种反传统的垂直状态，它明确地与农业的过去和未来紧密相连。古尔冈的灰色地带和阈值不仅仅显示出农业社会和城市社会形成强烈对比的特色，而且还以戏剧性的方式展现出贫富差距。古鲁拉尼(Gururani)说古尔冈的郊区生活方式是“田园资本主义”的产物，在这里“绿色自然话语”已经成为“美好生活”显而易见的所指对象，而且开发商常常引用“绿色田园背景”和“郁郁葱葱的绿色环境”来为自己的产品打广告(2013)。

从人类聚落开始，城镇与农村之间的关系就被认为是我们人类经验中的中心分水线。在历史上，尤其是现在，很多有关城市边界的城市规划辩论的基础是使用较少的土地容纳更多向城市地区或者在该地区内部迁移的人口。今天我们受到许多城市问题的困扰，大到全球变暖，小到身体肥胖，我们已经学会把这些问题归咎于城市蔓延。在采取各种措施减少城市蔓延这一点上，我们也已经达成一种专业共识(Angel et al.,2010:7)。为了有利于环境可持续性和社会公正,调整城市形态十分重要,对此的信念已经给规划职业带来一种强烈的共识,即密集发展是好事,如果我们在建设城市的方式上做出适当改变,那么城市形态可以成为一种影响气候变化的主要媒介。这一规范性共识建立在常识信念的基础之上,这些常识信念关乎密度对能源、交通、温室气体排放以及诸如此类问题的影响(Angel et al.,2010:13)。但是研究者们也提醒大家,不要设想密集城市形态的城市规划战略可能具有普遍的吸引力和效果。我们现在面临的一个问题是:"目前容纳式城市发展和紧凑型城市战略是否可能只适合一些发达国家,而不适合很多(如果不是大多数)发展中国家?"(Angel et al.,2010:7)在前面有关密度和边界的章节中提出的问题和部分答案指向了今天存在于扩展型城市化的核心的一系列更大的问题。在全球郊区化时代,它们更普遍地与自然展开对话。我将在本章最后一节处理这些问题。

资本世的全球郊区主义

21世纪初,(作为城市发展的一种形式、一种思想和物质现象的)郊区被认定是促成我们所处的人类世的主要因素。阿博莱达(Arboleda)认为,"总而言之,人类世的生态学充斥着体验焦虑和痛苦的新方法,从消费的角度看,对星球城市的迷恋变得越无情,被开发和掠夺的生态系统就越偏远"(2015:7)。然而,尽管这种盲目迷恋没有单一的原因或来源,但是城市空间的生产仍然是资本积累得以"发生"的主要过程,并且是各种形式的系统性不平等以及与气候变化有关的焦虑产生的过程。在城市化,或者说在我们这个语境里的郊区化中,资本世的破坏性轨迹呈现出空间生产的地理位置及其难辞其咎的政治经济体行动者网络，与此同时，这一轨迹把责任笼统地概括为一种难以辨认的罪责混合体，混淆了这些政治经济体运作的过程。马克·怀特海德（Mark Whitehead）对此进行了思考，“将当代的地质时期看成是都市新世——一个由城市化动力学和要求定义的时期，而非人类世，这在一定程度上可能是有帮助的”（2014：100；原文强调）。通过区分大都市和全球尺度上城市化所带来的影响，这一论断产生了细微的差别。这些尺度之间还存在很大空间，以区分不同阶级及其他因素，不同的影响概念，实际上是不同的受影响的社区和地点。

谈及人类世，首先应该回顾过去的实践活动产生的影响。可能提出的一个问题是：地球最终是如何变暖的？然而，T. J.迪莫斯（T.J. Demos）拒绝接受“人类世术语的模糊和对罪责的否认”（2015）。这不是关于一般的罪责，而更多的是对具体因果关系的理解。这一物种本身没有错误，但是它通过特定的空间形式和生活方式参与了资本积累的过程。通过这一点，在看待我们所生活的时代时，我们可能把“工业化、城市化及人口等等”的“黑匣子”概念抛到脑后，并正在超越纯粹的“结果主义”偏见（Moore，2014）。因此，我们正在把话语从人类世扩张的后果转移到建设我们所生活的世界的形式上。正如一份目前的预测报告所言，如果地球上将会有100亿人口，我们可以肯定的是“这100亿人口中每一位留下来的人都将需要一个生活的地方”（Greenfield，2016）。大多数地球表面未来的居民将生活在崭新的城市里，那些本已经生活在城市里的居民也将生活在全新的，主要是郊区的环境里。

我们今天所称的城市化通常被认为是与工业化共同演进的，1800年之后，城市化率急剧上升，这也常常被很多人视为今天所说的人类世的开始日期（Crutzen，2005；Swyngedouw，2011；

Zumelzu，2011）。虽然摩尔（Moore）对于资本世的定义表明，“今天的危机，根源在于始于漫长的16世纪的资本、权力和自然出现了划时代的转变”（2014：1），因此，工业时代的城市化在很大程度上与摩尔所谓的人类世的结果主义定义完全一致（Barau and Ludin，2012）。然而，正是通过工业资本主义时代典型的城市空间的生产，资本得以快速积累，这种速度使其在“对全球自然进行不同寻常的重塑中”（Moore，2014：5）显得尤其具有进攻性。人类世与气候相关变化的“急剧加速”出现在第二次世界大战之后，这一阶段恰好与福特-凯恩斯主义积累体制相吻合，对此“郊区解决方案”代表了一种针对经济危机和社会动荡而设立的主要调节机制（Steffen et al.，2007：618；Walker，1977）。在两类对话中，郊区都承担着主要责任，它们被视为建设可持续性方面的失败，也被认为是造成社会不平等的主要原因。城市被看成是这种解决方案和对问题的“创新性回应”（Hodson and Marvin，2010：289）的一部分。虽然郊区和郊区居民无疑被认为是主要“原因”之一，但是他们却很少被列入对问题的“创新性回应”的场所或起源的目录中。他们仍然不可动摇地保留在人类世方程式不利的一边。

理解扩展型城市化的关键在于土地问题（Harris and Lehrer，2018），这也包括土地掠夺这一话题（Lazarus，2014）。世界上一些地方的城市/郊区化过程，使得流行病更易爆发，就像近期西非的情况，在这个地区，城市聚落向外围扩张，造成2014年大流行病期间埃博拉病毒入侵；另一个例子在巴西，城市化被认为是2015年寨卡病毒迅速传播的一个可能原因（Channel News Asia，2016）。郊区化造成的另一个全球尺度上的严重影响生态的后果是，在全球范围内，因为建筑需要而大肆开采和利用沙子。如果中国、印度、土耳其、中东和其他地方的巨大城市边缘地带的郊区化大多以城市边缘新城的高层建筑形式出现的说法是真的，那么沙子就是建筑材料的一个主要成分。混凝土大多由沙子构成，为获取这种材料而开采河流和其他水体的活动常常是由所谓的“沙子黑手党”非法进行的。这种行为在全球尺度上破坏了已建成的农业社区的地方环境和生活(Beiser，2015)。

在这样的语境中，大家的共识是，城市总的说来是气候变化难题的“缝合点”(Swyngedouw，2011：257)。然而，“无论城市填充和密集化在我们的建筑学院中有多么新潮，当每一寸土地都挤满成百上千的人的时候，发达国家的政治体将不会再愿意认可这种不可避免的结果带来的境况”(Greenfield，2016)。无论是不可能成为城市的反乌托邦式难民营，还是在非洲、土耳其、印度和中国美化新兴城市外围地区的乌托邦式大规模房产项目(它们不再是传统意义上的“城市”)，对于齐声欢呼密度的全球北方的鼓吹者来说都是不可接受的。虽然城市形态自身并不带来特定的生态破坏，但是传递城市形态的方式却无疑会造成这一结果。通过如建筑元素的 3D 打印这样的创新技术，福特-凯恩斯主义或苏联时代的大规模郊区化的速度得以提升，规模得以扩大，“中国具有世界历史意义的城市建设热潮似乎正在加速进行”(Greenfield，2016)。将混凝土以前所未有的速度浇筑到城市形态中，在任何可预见的未来，此类城市形态本身都很难持续，也很难从根本上改变资本世影响的浪潮。如果再加上预期的(以及已经历的)一代人的破坏速度，那么涉及的物质生态和流动代谢将超出任何人的想象，甚至远远超出 20 世纪最残酷的柯布西耶式发展的范围。

城市/郊区政治生态

劳恩(Lawhon)、恩斯特森(Ernstson)和西尔弗(Silver)把自

然中的城市化描述成“社会、文化和政治关系，物质和生物物理实体在创造往往是不平等的城市的过程中，通过这些关系发生了变化”(2014:500)。这包括将扩展型城市化概念延伸到地球上所有角落里的矿山和田野，这些地方供养着集中的城市化形态（也就是城市和郊区）(Arboleda,2015:7)。因此，郊区作为一个与自然疏离和分割的地方，被理解成构成扩展型城市政治生态的较大活动链中的一个地方。但是，正如我在这里论证的，在突出表面上停留在以特定中心为起点的广义城市的分析中，郊区只能被部分归入其中。就像梅里菲尔德以如此令人信服的方式论证的一点：“这是一个新的现实，一种推拉效应的结果，一种恶意的剥夺辩证法，一方面将一部分人口吸纳进城市，而同时又将另一些人驱逐出绅士化的城市中心，迫使原来的贫穷居民和新到的脆弱居民在城市外围、各式各样的社会边缘化地带和全球郊区彼此拥抱——让他们在世界市场街自力更生。”(2013:15)

这里可以从两个层面来理解郊区。一个层面，郊区化是一个都市边缘“巨大的”城市建设和重建过程，包括后郊区化过程在内(Guney,Keil and Ucoglu，即将出版)。第二个层面，我们正在应对新的日常郊区主义，新的郊区生活方式，这对于理解星球城市/郊区化和人类世二者之间的联系至关重要。正是在郊区居民的日常行为中，“郊区问题”找到了最常见的“情景式的”表达方式(Lawhon,Ernstson and Silver,2014:506)。对于智利矿业小镇瓦斯科的人们来说，日常生活充满了死亡和疾病，而这个小镇正为世界上一些遥远的地方供给发展所需的物质商品(Arboleda ,2015:12)。虽然郊区的日常生活是一个新陈代谢矛盾在“异常的世界生态”环境中显现的地方，但是在扩张型城市化领域却存在多样性。全球北方的郊区硅谷和小径，实际上与“孟买或达卡的非正规郊区荒地的社会-生态反乌托邦式地理学”密切相关(Swyngedouw and Kaika,2014:463)。两者都是郊区,但却是不同类型的郊区。这是罗伯托·蒙特-莫尔(Roberto Monte-Mor)所谓的“都市化和扩张型城市化的联合过程”中的一部分(2014a:112)。郊区是扩张型城市社会运作景观的主要组成部分,它的居民并不是只把捍卫特权作为唯一政治诉求的不流动的郊区居民。因此,扩张型城市化的问题既具有空间性也具有政治性(2014b:265)。这也为郊区政治生态学领域奠定了基础。

结论

以这种更加复杂的方式看待郊区政治生态,使得我们的视野超越列斐伏尔的栖息地,进而看到郊区是一个引起争议的密度和边界的矛盾地带。它们也是政治生态行动的场所和地带。这些问题最重要的方面是关于密度和基础设施的争论。我们可以假定,在维持如瓦斯科和多伦多郊区的全球郊区政治生态的外部结构和作为基础设施的人(Tonkiss,2013;Simone,2004)之间,存在真实的生活、政治,以及变革的潜力。郊区既得益于扩张型城市化的物质供给(比如阿博莱达描述的瓦斯科),它也是扩张型城市化。在常见的把郊区说是成人类世放肆行为的最终赢家(因而也是罪魁祸首)的描述中,这一概念的完整性丧失了。郊区的边界总是处于地区之间和国家之间。郊区不是一个外围或边缘的地方(或者边缘话题)。现在大量城市社会声称郊区是它们的家园、工作场所或享乐的景观。这些景观与当今城市政治生态的关联性应该成为城市和社会变革(也许是各种各样的激进的渐进主义,参见 Lawhon et al.,2014:510)的起点。阿博莱达把瓦斯科的“运作景观”称为

“星球城市化的代谢载体”(2015),并将我们的注意力吸引到这些景观上,他这样做无疑是正确的。这也包括麦克默里堡,也就是阿尔伯塔石油产区的“高速路尽头的郊区”(Major,2013)。然而,正如矿场和伐木场是星球城市化进程中隐形景观的一部分一样,郊区及其被赶出内城的垃圾场和仓库以及土地用途,也同样如此。每个人都看见航站楼,却没有人看见空港城。郊区的这些方面仍然是“异常的城市”的一部分(Kaika,2015)。全球郊区为我们中大多数人提供住所,也是资本世获取代谢活力的地方,在这里可能需要重新想象人类世的政治生态。

第九章　政治性郊区

2016年11月8日，唐纳德·特朗普当选为美国总统，出现这样一个出人意料的结果，原因不一而足。各种分析中的一个常见原因是，尽管特朗普未能赢得任何一个大城市的选票，但是郊区和农村的选票却让他在总统竞选中获得胜利，佛罗里达州就是一个最好的例子。很多城市的选民支持希拉里·克林顿，而“郊区的白人选票”则增加了特朗普的胜算，在大选之夜，佛罗里达总统选举团代表使得特朗普稳操胜券（Smith and Bedi，2016；也请参见Myerson，2017）。事实上，不管是20世纪60年代加利福尼亚州“社会道德沦丧的郊区”——这里孕育了约翰·伯奇协会①和第13号提案，也出了罗纳德·里根这样的名人，还是成为茶党②反政府主义之乡的路易斯安那州的石油化工郊区，白人城市外围长期以

① 约翰·伯奇协会（the John Birch Society），冷战时期成立的以美国传教士约翰·伯奇命名的极右翼组织。——译者注

② 茶党（Tea Party）不是一个政党，而是草根运动，茶党运动指美国右派民粹主义运动。其特征之一是反对政府过多干预而造成权力过度集中。——译者注

来都受到政治评论家们的质疑(Hochschild,2016a,b)。鉴于我在前几页所讨论的郊区的纷繁变化和动荡不安,保守的白人政治团体对外围采用这一标准分析可能是令人惊讶的做法,但是以这种方式分析作为白人空间的其他郊区,无疑是值得注意的现实。然而,更重要的是,在这一话语中,郊区已经成为"一种心态",这是一种普遍的政治心态,一种在任何地方而不仅仅是实际地理意义外围的存在形式。一篇有关大选之夜的早期报告用下面的话来标记这一空间:"斯塔恩岛是白人郊区的城市版本,它是投票支持唐纳德·特朗普的半个美国的缩影。它的政治是安静而郊区式的;它的盲从也是安静而郊区式的。直到几年前,在对埃里克·加纳锁喉致死案展开调查之前,你可能才意识到郊区的居民对警察表现出多么深切的同情。或者说在一家当地报纸披露并要求对此事件展开调查之前,他们一直相信'墨西哥人醉酒闹事'这一说法。"(Osberg,2016)在美国工业中心的不断衰落和新美国外围争取"艰难的权利"之间(Heiman,2015),我们发现了很容易被打上"郊区"标签的、全新而华丽的新自由主义主体(Peck,2015a;Nijman and Clery,2015)。因此,作为政治和治理上的真实和想象的空间的郊区,逐渐在当前政治世界的危机叙事中发挥核心作用,不仅仅在美国,在脱欧时期的英国、面对来势凶猛的国民阵线的法国以及处于后劳工党政治世界的巴西,也有类似的却也总是有所不同的情况。

在这方面,郊区长期以来一直被视为有问题的空间。早在1994年,迈克·戴维斯就这样描述洛杉矶的政治:"候选人未能提出,或者说甚至未能抓住敏锐的郊区问题,这一点很好地说明……目前威胁着两党现状的民怨。在其传统道德中心的郊区,美国似乎正在分崩离析。"(1994)郊区是普遍的(政治)问题的转义这一点只是近期与郊区相关联的政治形象的一方面,戴维斯在20世纪

90 年代对洛杉矶的郊区和远郊进行了观察，将近 20 年后，他重游此地，随后在饱受失业和贫穷之苦的帝王谷发现了一种反抗组织形式，类似于全世界各地的城市兴起的占领运动(2011)。自阿拉伯之春时代和南欧反对新自由主义霸权的斗争以来，在众多城市的中心广场爆发的大规模抗议活动使得所谓的抗议的中心得到重新确认(Sharp and Panetta，2016；Dikeç and Swyngedouw，2017；Kaika and Karaliotas，2016)，这在一定程度上遮蔽了中心之外的政治景象。例如，在开罗或圣保罗，尽管城市中心只是用作兴起于外围的政治的临时舞台，塔利尔广场、宪法广场和格济公园的中心位置还是成了政治中心的代名词。并非所有的外围城市化都处于城市世界的地理边缘，但这样的发展显然改变了整个城市的政治格局(Caldeira，2016)。

我们现在必须认识到，我们的城市政治世界已经超越了中心。当列斐伏尔开创“城市的权利”思想以回应将巴黎第十大学的学生排除在巴黎的希望之外的做法时，他并不赞成对“决策中心”的盲目迷恋(2003：119)。相反，他阐明了外围的从属性，这里是他所在的晚期福特主义时代“99%的人”工作、学习和生活的地方。在豪斯曼时代，曾经有过将工人阶级从构成这个城市，甚至法国这个国家的政治舞台的城市中心驱逐出去的历史。更进一步说，目前，在从伦敦到纽约，从伊斯坦布尔到多伦多等首都城市里，贫穷和多样性被驱逐出核心地带，在这些城市的绅士化和公司化资本中，巴黎政治的社会-空间辩证逻辑是普遍存在的。我们也许可以从中得到一个很好的教训：我们可能不得不逐渐忽略全球资本中那些有象征性但最终毫无意义的空洞的权力中心，而把注意力集中在实际政治活动得以展开的日常生活的政治事务上。这也许仅仅是我们大都市地区的郊区和夹缝空间，但我们可以从这些地方听到战斗的呐喊:“占领单排商业区”而不是据守传统的“决策中心”。

郊区治理

历史上,郊区化治理有以下三种模式:国家政策、资本主义积累和私人威权主义形式(Ekers,Hamel and Keil,2012)。当城市建设的新自由主义时代重新调整计划和市场的作用以及两者之间的关系时,这三种模式之间的张力成为我们想象今天的政治性大都市的方式的特征(Boudreau,2016;Fontenot,2015;Kohn,2016;Magnusson,2011)。持续的,也许还有人认为是不断加速的城市社会扩散使得我们有必要重新思考城市政治和治理。这一说法并不是全新的,也不是孤立的。我们拥有大量丰富的关于城市治理、区域治理和新城市政治学等方面的比较文献(部分评论请参见Keil et al.,2016)。长期以来,美国和加拿大的主流城市学文献一直声称,尽管大都市地区拥有强大的政治经济影响力,但是不论在宪法上还是在日常政治进程中,它们在联邦政治体系中也只是昙花一现(Katz and Bradley,2013)。欧洲学者长期以来一直在讨论城市和区域的“集体能动力”(Le Galès,2002),这种集体能动力的思想依赖于如织锦一般复杂的国家和非国家行动者,而城市和区域决策从这些行动者中汲取力量。人们通常认为,在北美和英国,政府和商业联盟形成“政治体制”,这种体制偶尔也包括强有力的公民组织代表团在内(Stone and Sanders,1987)。然而,相比于欧洲城市、大都市和区域发展,美国“增长机器”受到利益的严密控制,而这种利益将资本积累和土地开发联系在一起(Logan and Molotch,1987)。过去,发展政治学被认为大多发生在两处:(1)内城的再开发,以前是通过像城市更新这样的大规模政府项目,而如今则通过常常由国家主导的绅士化来进行;(2) 郊区发展,大多数由私人行动者在绿色田野上建设千篇一律的住宅区。传统上这包括模板化住宅及购物中心、基础设施和工业用地。体制理论为理解城市主体做出了巨大贡献,因为这一理论拒绝接受多元主义权力共享和精英阴谋的简单假设。

我们对于城市和区域政府的理解不仅仅限于精英行动者和不断变化的利益群体,还要看到处于城市和区域决策核心的系统性政治经济,这意味着我们对于哈特穆特·豪瑟曼恩(Hartmut Häußermann)所谓的"冷漠的大城市"和"温暖的大城市"之间的新政治空间的接受(Farias and Stemmler,2012:62)。我们需要自问:这样的差异会产生什么样的政治? 对于我们此处的目的而言,我们需要回答这样的问题:国家主导、资本积累和私人威权主义这三种郊区治理模式究竟是如何交织在一起的? 我们需要大都市治理这一观点并不新鲜,事实上,它是伴随着二战后的郊区化过程而产生的。作为福特式工业资本主义和汽车化的产物,大都市需要地域监管。最终,中心向外围扩张的真正发展被抛弃了,取而代之的是洛杉矶学派强势提出的观点,也就是当中心(这里的治理曾经被想象成传统的)开始在如南加利福尼亚州这样的大都市区域丧失其吸引力的时候,我们应该从根本上重新思考区域治理(Dear and Dahmann,2011;Mayer,2012;2017)。区域城市不再像以地域为导向的传统政治学所说的那样是有边界的,也不再像后结构研究人员所说的那样是无边界的。区域是由一系列的话语、地域边界的设定和各种技术构成的(Addie and Keil,2015)。

构架郊区治理机制

有些郊区是一夜之间建成的,有些郊区则是长期过程的产物,没有哪个郊区是自然而然形成的。它们都遵循一些治理模式。正如最近一位观察家对长达一个世纪的美国郊区化的观察所示："很多人,尤其是规划师,在看待美国的郊区景观时看见的是混乱。……作为一名工程师,我看到的不是混乱。事实上,我看到的是人类有史以来最有组织的群众性活动之一。围绕一种新的发展理论,我们已经改变了整个美洲大陆。这需要在政策、金融和监管方面具有极好的集中协调水平。美国的发展是一种精心组织的发展。"(Marohn,2016)

马若恩(Marohn)并不羞于说出自己的主张,即坚持将城市建设还原为前汽车时代的原则,在提及所谓的"美国郊区实验"(2015)时,他指的是建设一种景观,"在此出现大规模的新增长……建设已达完工状态;我们不再期望在最初的建设之后还有进一步的增长"(2016)。就那些景观最终会具有什么样的"大规模"和什么样的"完成"程度这两点,我们可以跟马若恩展开辩论,但这些景观是一套复杂规则的产物这一点十分清楚,并且在大多数情况下,是通过各个尺度上的个体和团体、国家和市场的共同努力而达到的结果。

马若恩注意到"郊区实验"的复杂性,在这个实验中,任何事情都不是偶然(2015)。总而言之,基础设施通常是决定位置、形式、形态、密度和其他因素的"讯息"或媒介(Filion,2013b)。对于凯勒·伊斯特林来说,就如我们在前面第七章获知的,那些郊区基础设施最终不仅仅是讯息,它们是一种倾向,它们拥有能动力和"非凡的政治才能",是一种"具有隐藏在基础设施空间折叠中的政治化学和侵略、屈服或暴力气质的"的治理形式(2014:73)。在这一空间的治理中,郊区起着特定的作用。城市外围被定义为"大规模生产郊区住房的场地,它是基础设施空间中的一种普遍现象,也是具有清晰的倾向标记的组织”(同上)。

马若恩所说的“实验性”,在罗伯特·博勒加德(Robert Beauregard)的“当美国变成郊区”叙事中被直言不讳地说成是“寄生性”(2006)。就寄生性而言,他指的是郊区化的分裂性和非再分配性。但是博勒加德也指出一个事实,即随着外围发展,“城市化已经跃升到大都市尺度”,因而也需要一种新的治理模式,这种模式不同于过去集中化的再分配性城市的治理模式(2006:4)。寄生郊区不只是失败的大都市治理体系的一部分,在这个体系中,等待中心城市的就是繁荣之中的消亡,它们分散的景观也只是冷战中抵御核攻击的被动因素,故在此意义上,郊区治理遵循的是不仅仅关注区域的指导原则(Beauregard,2006:147—155)。更明确地说,正如安德鲁·弗里德曼(Andrew Friedman)曾经表明的,郊区在美国帝国主义景观中发挥着积极作用,通过在华盛顿特区以西的费尔法克斯郡郊区修建杜勒斯走廊来扩张“隐蔽资本”就是一个很好的例证(2013)。

然而美国及其盎格鲁-撒克逊表亲们(澳大利亚、加拿大和英国)并不是唯一建造大规模的和现成的汽车郊区住宅区的国家。最引人注目的是,欧洲有自己的“郊区实验”版本,但无可否认,那里的规划师和居民常常把自己视作城市扩张的建设者,而不认为自己是逃离城市的难民。在欧洲的后社会主义国家,甚至在西欧和北美,都出现了一系列的郊区发展,在这些地区,我们看到更密集的或者不符合常规的郊区化形式(Charmes and Keil,2015)。例如,在西欧,常常被建成所谓的“卫星城”的郊区聚落成为现代性和集中治理的表达形式。外围的大规模住宅区使得“统一的社会福利国家能够证明它所能做到的是什么”(Harlander,2011:18;Phelps and Vento,2015)。反过来,就如赫特和科瓦切夫所言:“在大约20年的时间跨度里，整个东欧的大城市都被包围在一大片预制板式住宅街区中，这些街区的房子既浮夸又带有斯巴达风格。”（2015：181）这些住宅区由国家组织，并且是与工业化相关联的长期规划的产物（Logan，即将出版）。

就一切情况而论，作为建设和重建城市外围过程的郊区化治理，以及作为日常生活规则的郊区生活方式治理都是十分重要的。例如，那些欧洲现代主义爆发式发展案例，让列斐伏尔更加全面地重新思考城市问题（Lefebvre and Ross，2015）。

在远离但绝不次于盎格鲁-撒克逊或欧洲的经验的案例中，我们注意到郊区治理在全球南方郊区扩张中的重要性。当里约热内卢法维拉山贫民窟的第一批居住者，或者伊斯坦布尔棚户区的第一批安那托利亚移民一夜之间建起他们的棚屋时，即便是城市外围最短促或者转瞬即逝的非正规聚落，也遵循着某种符合当地情况的发展准则。一直以来，对城市外围空间的要求就像是一种错综复杂的舞蹈，其中一部分舞步是当局制定的土地所有权和法律规则的条件，还有一部分则是自由即兴创作，也就是依据现状而采取的巧妙举措。

在百花齐放的郊区研究文献中，达成共识的一个关键点是，多样性是一种常态而不是例外，这意味着莱维敦只是郊区化的一种形式，它迫使我们在“超越西方”的城市理论范围研究郊区化（Edensor and Jayne，2012）。在郊区化治理方面，阿纳尼娅·罗伊敦促我们考虑多种世俗的治理形式（2009），这些形式不是作为美国经验的衍生物，而是包括美国在内的所有空间中日渐增多的城市区域郊区化的核心。

郊区治理中的正规性和非正规性问题时刻存在。美国的移动房屋公园中860万单元住房里居住着2000万民众，即使这种最不固定的城市外围聚落也受到建筑及行为准则的严格监管(Bréville,2016)。这也适用于后郊区景观的持续大规模开发,这样的景观显示着一个普遍的风险社会:硬基础设施和软日常生活互联互通形成计划网格,其中治理成为一种恒常的正规/非正规的随机组合(Phelps,2015)。不同层次的非正规形态、非法占地、企业家精神和国家行动是很多城市/郊区扩张的特征,比如科克尔(Coker,2016)和奥尔特加(2016)在马尼拉大都会所观察到的那些现象。

郊区革命宣言

城市社会不再是一个虚拟的对象,这是因为在列斐伏尔阐释自己原创理论的时期出现的新生事物都因城市社会而成为现实。然而,它也模糊了我们的概念范畴,常常使之难以辨认。中心和郊区之间不再存在本质区别。日常生活的政治成为城市外围新的物质性的核心。因此我们也可以谈论郊区的权利(Carpio et al.,2011)。郊区不需要再追赶城市,也不需要再克服不足:

> 在后大都市内,城市生活方式的意义正在被重新构建。中心性越来越为非物质的权力网络及支持它们的物质资产而保留,而后都市内的物质存在则日渐转移到边缘。(Quinby,2011:75)

最终我们得到一个后郊区化过程之网(或者可以说集合)。这些过程全部结合在一起,成为一种郊区的复杂性。我们目睹的不是城市肌理的完全消解,而是重新巩固,甚至是一种平衡,在任何一种情况下，对诸如生活-工作这样的传统功能或概念二分法的排斥。后郊区化过程导致各种关系和治理模式的深刻重组，传统上，这些关系和模式调节了郊区模式中心和外围的关系（Phelps and Wood，2011；Phelps and Wu，2011；Hamel and Keil，2015）。“（后）郊区的复杂性”具有“后郊区生活方式在功能、空间和节奏上的多样化”（ Charmes and Keil，2015）；我们正在谈论的是“郊区化文化和理性的复杂化和折叠，这与离心演替的线性过程截然相反”（Peck，Siemiatycki and Wyly，2014：389）。

现在，后郊区的政治文化非常自觉地意识到伴随大都市舞台的密度而至的种种概念。比起历史上与之紧密相连的政治选择，外围开始揭示出一系列不同的政治选择。罗伊在她的关于后殖民郊区治理的著作中指出，“郊区外围的政治是政治社会的政治”（2015：344），不断涌现的中心性/外围性、正规性/非正规性以及国家/市场矛盾通过这一政治重新协商。从这个意义上说，这种思维有助于“对稳定的空间、社会和国家范畴的综合性批判”（Roy，2015：345）。

有关密度的讨论对郊区政治产生了强烈影响（请参见前面的章节）。这些政治过去大多与郊区家庭和社区的个人主义有最直接的联系。或许这种关系最清晰的表达，就是自由主义和新自由主义的传统，将公共选择作为分裂的美国大都市边缘的外围政治规范原则。作为个人权利和机会的政治所兜售的，事实上意味着“伴随阶级的私有化”（Hoch，1985），在最好的情况下这种私有化表现为飞地，而最糟糕的情况则表现为隔离。当我们重新评价郊区在目前新自由主义鼎盛时期的作用时，可以参考杰米·佩克的评价，的确，“美国郊区一直是按照一定关系定义的，在意识形态方面，它是大都市凯恩斯主义的分散的他者；在社会方面，它又是大城市和大城市问题的避难所”(2015:130)。不仅在美国背景下,在其他地方,这种“分散的”形式也一直与作为自由欲望景观的低密度形态联系在一起,而“公园里的塔楼”或者相关的郊区密度混合形式也被归入“凯恩斯”大都市计划中(正如在多伦多双层大都市治理的‘运行良好的城市’的历史记录中经常看到的那样,其中一部分就包括维多利亚式低密度核心之外的高密度外围化)。那些位于外围的高密度岛屿也被永远写进有关现代主义和规划失败的叙事中。密集的/城市相对于分散的/郊区的转义一直是城市主义区分形式和功能的理想载体:在一定程度上,它成为人类生活思想的理想战场,这些思想与我们如何居住、如何得到庇护、如何迁移完全无关。

政治学中的密度问题常常回避当前大都市区域必须面对的真实问题:如何创建仅仅体现在社会分配和获取资源方面的可持续环境,如出行、教育、医疗卫生和就业等。在这一语境中,超级富豪是生活在纽约中央公园周围、泰晤士河沿岸的伦敦核心区的顶层公寓,还是在洛杉矶山顶的巨型宅邸中,其实真的无关紧要。与他们的居民和阶级对整个区域施加的政治权力相比,排外性密度和居所地点完全不重要。在大都市区域尺度上,政治开始产生新的话语,这些话语忽视了密度二分法是一条走不通的死胡同(Haldeman,2015;Story and Saul ,2015)。改变国际化大城市房地产市场和政治的超密度现实,与从格拉斯哥到巴黎、从莱比锡到多伦多的城市外围密集的塔楼社区里的无权无势和贫困两相对立。从洛杉矶到上海,世界各地很多城市区域的市郊遍布巨型郊区化和庸俗的新自由主义门禁大厦(Knox,2008),而与之相对立的是修建在它们阴影之下的同样无序蔓延的平房郊区。密度本身并不能提供一个敏锐的镜头,以预测或理解正在形成的城市生活方式类型，以及将其对立的两极归化进入城市生活输赢模式的政治。

新的城市外围政治大多由路径依赖的制度安排和现有领域的治理过程决定。例如，斯塔尼洛夫在东欧观察到："集体主义住宅区的混凝土围墙之外突然出现的很多新郊区社区，仍然在大都市行政管辖区范围之内。"（2007：187）与此同时，图阿蒂-莫雷尔（Touati-Morel）表明，法国巴黎城市区域的"硬"和"软"密集化政策反映出那里不同的社会-空间和多变的城市密度（2015）。波普（Poppe）和扬格（Young）则解释了多伦多在努力实现城市塔楼住宅区的"更新"中，近郊邻近管辖区范围的低层和高层街区是如何导致一系列特别复杂的政治叠加现象的（2015）。

郊区亟待改造

今天，很多郊区政治和治理都与"修复郊区"思想有关。然而，关于郊区"修复"的文献完全不同于广泛增长的城市改造整体工作，其中郊区往往只是一个事后想法（Bouzarovski，2016；Hodson and Marvin，2016）。似乎每个人都赞成郊区经常缺乏物理和社会多样性，很难成为以人为本的地方，并且除小汽车之外缺少其他的交通选择，所以郊区亟需改进。现在，从开普敦到上海，从多伦多到蒙彼利埃，从圣地亚哥到赫尔辛基，在这些城市快速发展的外围地带都可以找到郊区化的区域。鉴于此，郊区改造"是美国还是全球趋势"这一问题的提出十分合理（Dunham-Jones，2015）。

郊区改造的文献（及实践）将要完成的一件事情是，坚持不懈地努力消除对于郊区生活和形式的神秘感和刻板印象。事实上，现在存在一种普遍的认识，借用弗兰·通金斯的一个词来说，就是任何一种城市形态都只有"短暂的生命"(2013:56)。更进一步说，我们发现城市生活的地方往往是不可预测的，它们大多与城市形态无关。受萨斯基娅·萨森(Saskia Sassen)的"城市特质"就是相遇的空间这一观念的影响，通金斯认为这些相遇也许发生在一些原本不一定为它们设计的地方。郊区单排商业区提供了一个最好的例子。单排商业区的设计初衷是方便汽车匿名进入，这是一种个性化空间使用理念，但是它们现在却成为族裔郊区及其他地方的移民、民族互动经济的缩影，也是落脚城市经济的经济源泉(Saunders,2011)。

然而，"作为一种生活形态的城市风格，已然将自己从城市中解放出来，并长期筑巢于城市腹地，甚至所谓的农村地区"(Bormann et al.,2015)。那么反过来，我们可以转而谈到城市/郊区风格的现象。作为一种生活形态的城市/郊区风格的泛化是一种双向过程：正如我们现在在远郊社区的时尚生活中心看到很多别具风格的广场和"绿色房间"一样，接近"自然景观"这种传统上非城市的隐喻，现在也成为城市特质定义的一部分了(Bormann et al.,2015:114—115;由 RK 翻译)。因而郊区改造基于这样一种设想，即将城市形态多样性和城市生活方式引入郊区，在某种程度上可以提高郊区的日常功能性，让郊区更具有活力，并且给人带来更愉悦的视觉享受。但是要想这样的改造成为真正的变革并且富有成效，它必须首先接受一点，那就是郊区本身并不是单调乏味的，而是由各种各样的局部空间构成，这些空间为变化提供机会，从而反映了适应气候变化、经济危机管理、人口和家庭结构的社会转变的需求。最后，当我们谈论改造郊区的政治时，它还须包括郊区所有的构成景观，如住房、商业以及办公或制造空间(Jessen and Roost,2015b)。然而事实上，普通纳税人通过住房贷款和基础设施建设向房屋拥有者提供了前所未有的补贴，而这一做法的产物便是郊区景观。尽管如此，郊区景观表面上仍然是隐私领域。这已对郊区的社会性（或者说缺乏社会性）、一定程度上的区域孤立主义倾向以及明显的吊桥心态造成了显而易见的影响。这里对此无须做进一步解释，但是在我们的语境中这样的影响是存在的。郊区单户独栋住宅及其私有化治理与政府干预形态和积累策略处于紧张的对立之中。这些形态共同生成一种景观，它在规划方面无明显指导，也无权威部门采取相关行动改进其明显的不足之处（Bormann et al.，2015）。与此同时，郊区的公共领域却成为政治目标和舞台，如对交通、住房和开放空间的改造，这些对于整个城市区域至关重要。

郊区规划和政治尺度的变化

对于后郊区景观的新兴政治而言，值得注意的是，一旦蒂布特式区域尺度改变，那么该区域内外各种形式的空间重新定向都是可能的。德梅耶（De Meyer）等人认为，“后郊区形态应该放在更广泛的区域尺度来审视，它与法国地理学家让·戈特曼（Jean Gottmann）提出的‘大都市’有着更多的相似之处”（1999：31）。在这种不断变化的地理中，尺度既是国家秩序的重要标志，也是围绕内部（Carpio et al.，2011）和外部（Schafran et al.，2013）边缘地带的“郊区权利”展开斗争的可能性的重要标志。

我们现在在后郊区遇到的政治景观与形态变化相关联，而形态变化的根源则在于整个都市区域社会经济和人口重组的更大规模变化。尼科·拉尔科（Nico Larco）发现，“郊区由单户独栋住宅及核心家庭构成这一刻板印象，已经不再是郊区独有的现实情况。

保持这种形象限制了我们制定将郊区实际构成元素包含在内的政策的能力(2010:70)”。随着一系列新要求表达出对大都市外围社会差异和形态变化日益增长的认识,在政策与实际的后郊区领域明显不相匹配的情况中和显露的政治反应中,都能感觉到这种不符合实际情况的看法产生的政治影响。例如,多户住宅在外围似乎变得更为普遍。仅在美国郊区就有将近一千万这样的住宅单元。它们分成三种类型:公寓楼、老年人住宅和“多用途生活时尚中心”,它们大多属于精英收入阶层。郊区多单元住房具有显著不同的人口/家庭结构特征,这是因为它是单身人士的家园,而非传统意义上的住宅区(Larco,2010:70—75)。在一些制订了智慧增长规则的地区,比如安大略省,似乎有理由相信,尽管整个区域范围在高密度发展方面只取得不太显著的进步,地方主义话语和技术却已经转向地域的重新界定(Addie and Keil,2015)。虽然评论家们警告说,“(新的城市社区)的开发也可能促使居民离开他们的高层住宅,从而加剧城市蔓延”(Skaburskis,2006,引自 Fiedler and Addie,2008:15),新的城市主义发展可能也有助于郊区的多样性。

我们可以在多种环境中观察到由不断变化的社会空间性、密度和形态而引起的话语转变。例如,弗莱舍认为现代性、环保主义、中产阶级主义和消费主义等各种意识形态集合,现在在北京及中国其他地方的郊区对话中已经开始产生效果(2010)。传统的有序空间的生产导向被弃之不用,取而代之的是城市/郊区政治和社会领域的消费主义导向和中产阶级的主导地位。日常生活作为社会分化的渠道和领地,发挥着巨大作用。与此同时,“中产阶级私房屋主越来越意识到,也越来越愿意声明他们在形塑郊区空间过程中日益增长的权力和能动性”(Fleischer,2010:149)。德拉蒙德和拉贝让我们认识到全球南方也有十分相似的趋势(2013),在这些地方,郊区经验日渐具有多重同步转变的特征,这需要仔细观察这些变化的形态和社会集群的实际社会互动。尽管中国和全球南方的后郊区空间的生产(和消费)情况不同于美国郊区化的经典案例,但是就如在西方一样,变化的形态与后大都市如何形成的过程中更为普遍的转变有关。这一发展与亨利·列斐伏尔关于更广泛的“扩张型城市化”的转变特征的观察遥相呼应,同时也证明了他的观察的确是一种先见之明。他批判了等同于20世纪60年代情境主义关于城市变化观点的“单一城市主义”理想,他也确定了以城市为中心的城市主义的终结之日,那就是“历史悠久的城市爆炸形成外围和郊区的时刻——就如在巴黎以及洛杉矶、旧金山等各种地方所发生的疯狂的城市扩张一样”(Lefebvre and Ross,2015:49)。

不断变化的郊区化政治生态

(郊区化)扩展区域是资本主义生产的基础、认知的尺度和行动的场所(Keil et al.,2017)。这在本书的语境中产生了两个直接后果。第一,郊区化表现为我们时代的一个典型过程。郊区导致以牺牲人类生命和生态破坏(气候变化等)为代价的资本转换。资本转换包括资本积累从生产过程向流通及相关的消费领域的转向,比如空间的生产,自然的生产、教育等等(Harvey,1982)。半个世纪以来,在福特主义盛行的西方世界,特别是在美国,郊区化包含的投资良性循环似乎是自动推进的。现在它们被重新包装,摇身变为如土耳其、印度或中国这些国家整个国民经济的发展良方(Ucoglu,2016);乍看之下,它们带来了一揽子可以仿效的非政治化方案，这是因为它将债务、对有组织消费的水平性的依赖、延伸的大都市连通(不连通)等重要特征与传统意义上的政治隔离、控制和分离联系在一起。第二，我感兴趣的是伴随郊区化而来并与特定边界设定有关的政治生态。虽然城市主义现在倾向于强调中央(全球化、绅士化和规范化)核心地区的创意经济发挥的积极的环境作用，但是其中一些当今城市世界的动态变化却发生在城市的外围地带(Ranganathan，2014；Ranganathan and Balacz，2015)。

这导致两种相关的思想：第一，这些外围及其边界值得更多的研究。除了以城市为中心的政治生态学家以不加批判的、公然反对的方式大肆讽刺郊区生活方式之外，我们对于城市/郊区居民如何参与日常生活的新陈代谢知之甚少。我们需要开展更好的理论和实证工作，以帮助我们理解郊区日常生活方式如何运行，并如何对我们所生活的城市世界做出贡献。第二，与此相关，这使人们设想，在全球城市世界，郊区化的城市政治生态并不是静态和保守的，也不是脱离历史的，而是在许多方面本身就是孕育新的政治决裂和动荡的温床。

在批判性城市研究中，一些常见的推论突出了中心地方作为新陈代谢中心和相关政治地点的重要性。最后一英里、优质网络空间、为供水系统提供资金的金融机构以及知识生产等，这些都代表着城市政治在空间上的中心地位。就发挥政治中心的作用而言，城市中心有幸成为重大破坏发生的场所。相反，将此类政治地理区域扩大到渴望成为中心地方的“街道”、购物中心和郊区街区也许是颇为有用的。这就要求把特定的常常被忽视的政体/选区的操演政治考虑在内，这些政体/选区在城市(也常常是世界)边缘参与了迅速出现的新陈代谢。矿业小镇瓦斯科，就像弗格森一样，可能无处不在，而不只是被隔离在一个永远边缘化的地方（在这些地方，如弗格森以及其他也经历了贫困的类似郊区，人们的反应就是使用同样边缘化的语言，而过去这种语言曾被用来谈论"隔都"，从而使得这些空间的政治也处于边缘位置）。

郊区让我们更加关注作为集体生活基础的区域，而非邻里问题。郊区是矛盾的快乐景观（Lefebvre，2014），也是列斐伏尔认为的可怕的"栖息地"的一部分，还是国家、资本积累和私人威权主义之间的复杂治理形态的异化产物。门禁社区和郊区是同一枚扭曲的硬币的正反两面，它们构成"控制消费的官僚社会"的"消极的乌托邦"（Lefebvre，2003）以及城市/郊区世纪充满渴望的"落脚城市"（Saunders，2011）。通过中产阶级生活的渴望和一般的"享受建筑"之间的郊区"爆炸"，以及当今全球很多城市远郊的营地和棚户区聚落，日常政治生态的范围得到大致确定。随着郊区的扩张，各个地方的郊区创建了自己的边界。与此同时，郊区一直是激进主义和反抗运动的源泉（Mayer，2017；Schafran et al.，2013）。

全域郊区化对人类造成了威胁（Lefebvre，2014：569）。这提出新的政治优先事项：现在郊区化而非城市化带来新的迫切需要。尽管如此，也许我们应该彻底打破成为政治想象基础的空间想象。今天的星球城市化模式可能未必是我们能够想象的未来城市化的唯一模式。我们也许想到的更多是田野而不是塔楼（Ajl，2014：541 and 546）。看似可能也更合理的是，与其把我们的政治想象引向超密度和超现实的极端，不如想象一个完全城市化的世界形成的社会，其形态和密度各异，由此产生资本世或者之后许多诱人的政治可能性。这也可以让我们有机会一瞥（去中心化）日常的操演政治以及今天我们眼前的郊区化边缘的（中心）反抗。

这样的水平化政治也需要重新思考展示性（或操作性）政治和

日常政治的辩证法。在我们生活的郊区化世界，当特定社会形态展开残酷而持久的防御战的时候，“裹挟而至的”新自由主义过程将继续存在。重要的是，这使得新自由主义从一个实现西方主要话语的过程被重新定位为一系列共同生产实践、相互参照和对旅行理论片段的分散利用(Robinson and Parnell,2011;Roy,2011)。我们现在每天在城市/郊区所经历的政治挑战，同时具有地方性、区域性以及全球性(Monte-Mor,2014a)。政治操演地理学已经转移到城市外围，在这里，城市增长(有时候是城市收缩)在人口、经济、社会、文化和环境方面，动态地改变了政治领域。对于传统的中产阶级郊区来说是如此；对于迅速扩张的全球南方大都市贫穷的外围地带，自建的“非正规”城市外围和棚户区聚落来说也是如此；对于现已成为(东部和西部)欧洲以及美国很多城市的主要居住地的夹缝后郊区景观，或者反映和完善20世纪后半叶的现代主义郊区塔楼街区的东亚新城镇来说还是如此，它们自身也期待着在一代人的时间里出现后郊区时刻。上文提到的第三个维度固有的重心的转移，需要在接受外围针对气候变化问题提出的具体挑战这一方面做出改变。换句话说，这意味着，尽管目前的重点是外围这一问题需要来自中心的思想和行动来解决，但实事求是地讲，外围要接受一点，即如果我们无法解决存在于最不可持续的地方——蔓延的郊区化世界——的问题(Ross,2011)，我们就毫无未来可言，只有这样，外围才能把握自己的命运。

参考文献

Addie, J. -P. D. 2014. Flying High (in the Competitive Sky): Conceptualizing the Role of Airports in Global City-Regions through 'Aero-Regionalism.' *Geoforum*, 55(1), 87–99.

Addie, J. -P. D. 2016. Theorizing Suburban Infrastructure: A Framework for Critical and Comparative Analysis. *Transactions of the Institute of British Geographers*, 41, 3: 273–85.

Addie, J. -P. D. 2017. Governing the Networked Metropolis: The Regionalization of Urban Transportation in Southern Ontario, In R. Keil, P. Hamel, J. -A. Boudreau and S. Kipfer, eds. 2017. *Governing Cities Through Regions: Canadian and European Perspectives*. Waterloo: Wilfrid Laurier University Press.

Addie, J. -P. D. and R. Keil. 2015. Real Existing Regionalism: The Region Between Talk, Territory and Technology. *International Journal of Urban and Regional Research* 39, 2: 407–17.

Addie, J. -P. D., R. Keil, K. Olds. 2014. Beyond town and gown: Higher education institutions, territoriality and the mobilization of new urban structures in Canada. *Territory, Politics, Governance*. DOI:10.1080/21622671.2014.924875, 1–24.

Aguilar, A. G., P. M. Ward, C. B Smith Sr. 2003. Globalization, regional development and mega-city expansion in Latin America: Analyzing Mexico City's peri-urban hinterland. *Cities* 20(1) (February): 3–21.

Ahmed-Ullah, N. 2016. Brampton, a.k.a Browntown. In Pitter, J. and J. Lorinc, eds. *Subdivided: City-Building in an Age of Hyper-Diversity*. Toronto: Coach House Books, 242–53.

Ajl, M. 2014. The Hypertrophic City Versus the Planet of Fields. In Brenner, N., ed., *Implosions / Explosions*. Berlin: Jovis, 533–50.

Allahwala, A. and R. Keil. 2012. *Between Ethnoburb and Slums in the Sky: Toronto's Immigration Geography Today*. IBA Hamburg: Jovis Verlag.

Amati, M. and Taylor, L. 2010. From Green Belts to Green Infrastructure. *Planning Practice and Research*, 25,2: 143–55.

Amin, A. 2013. Telescopic Urbanism and the Poor, City: *Analysis of Urban Trends, Culture, Theory, Policy, Action*, 17,4: 476–92.

Anacker, K. B., ed. 2015. *The New American Suburb: Poverty, Race and the Economic Crisis*. Farnham and Burlington, VT: Ashgate.

Anderson, E. 2015. The White Space. *Sociology of Race and Ethnicity* 1(1) (January). DOI:10.1177/2332649214561306, 10–21.

Angel, Shlomo, Jason Parent, Daniel L. Civco and Alejandro M. Blei 2010. The Persistent Decline in Urban Densities: Global and Historical Evidence of 'Sprawl', *Lincoln Institute of Land Policy Working Paper*.

Angel, Shlomo, Jason Parent and Daniel L. Civco. 2010. The Fragmentation of Urban Footprints: Global Evidence of Sprawl, 1990–2000, *Lincoln Institute of Land Policy Working Paper*.

Angelo, H. and D. Wachsmuth. 2015. Urbanizing Urban Political Ecology: A Critique of Methodological Cityism. *International Journal of Urban and Regional Research*, 39(1) (January): 16–27.

Antonioni, M. 1970. *Zabriskie Point*. Drama Film (United States).

Archer, J., P. J. P. Sandul and K. Solomonson, eds. 2015. *Making Suburbia: New Histories of Everyday America*. Minneapolis: University of Minnesota Press.

Arboleda, M. 2015. In the Nature of the Non-City: Expanded Infrastructural Networks and the Political Ecology of Planetary Urbanisation. *Antipode* 48, 2: 233–51.

Bakker, K. 2010. *Privatizing Water: Governance Failure and the World's Urban Water Crisis*. Ithaca and London: Cornell University Press.

Badger, E. 2014. Urban forms of racial inequality are migrating to the suburbs. *Oregon Live*. 10 December. http://www.oregonlive.com/opinion/index.ssf/2014/12/urban_forms_of_racial_inequali.html.

Bain, A. 2013. *Creative Margins: Cultural Production in Canadian Suburbs*. Toronto: University of Toronto Press.

Balducci, A. 2012. Planning the Post-Metropolis, *disP – The Planning Review*, 48, 4–5.

Banham, R. 1970. *Los Angeles: The Architecture of Four Ecologies*. London: Penguin Press.

Barau, A. S. and A. N. M. Ludin. 2012. Intersection of Landscape, Anthropocene and Fourth Paradigm. *Living Reviews in Landscape Research* 6 (2012): 5–30.

Barraclough, L. R. 2011. *Making the San Fernando Valley: Rural Landscapes, Urban Development and White Privilege*. Athens, GA: University of Georgia Press.

Basten, L. 2016. From Urban Containment to suburban boundary zones? Greenbelts, greenbelt planning and its governance in the Ruhr area of Germany. Paper presented at the workshop Blue-Green Boundaries in a Suburbanizing World, Belo Horizonte, Brazil, 1 March.

Baum-Snow, N. 2007. Did Highways Cause Suburbanization? *Quarterly Journal of Economics* 122 (2): 775–805. DOI:10.1162/qjec.122.2.775.

Beatty, P. 2015. *The Sellout*. New York: Picador.

Beauregard, R. 2006. *When America Became Suburban*. Minneapolis: University of Minnesota Press.

Beiser, V. 2015. The Deadly Global War for Sand. *Wired*. 26 March. Available at https://www.wired.com/2015/03/illegal-sand-mining/.

Bernt, M. 2009. Partnership for Demolition: The Governance of Urban Renewal in East Germany's Shrinking Cities. *International Journal of Urban and Regional Research* 33, 3: 754–69.

Bernt, M. 2015. The Limits of Shrinkage: Conceptual Pitfalls and Alternatives in the Discussion of Urban Population Loss. *International Journal of Urban and Regional Research* 40(2) (March): 441–50.

Bertolini, L. 2012. Integrating Mobility and Urban Development Agendas: a Manifesto. *disP – The Planning Review* 48, 1: 16–26.

Bloch, R. 1994. *The Metropolis Inverted: the Rise and Shift to the Periphery and the Remaking of the Contemporary City*. Ph.D. dissertation. Los Angeles, CA: UCLA.

Bloch, R. 2015. Africa's New Suburbs. In P. Hamel and R. Keil, eds. *Suburban Governance: A Global View*. Toronto: University of Toronto Press, 253–77.

Bloch, R., N. Papachristodoulou and D. Brown. 2013. Suburbs at Risk. In R. Keil. ed. *Suburban Constellations: Governance, Land and Infrastructure in the 21st Century*. Berlin: Jovis Verlag: 95–101.

Bormann, O. M. Koch and M. Schumacher. 2015. Die Widerfindung der Stadt in der Suburbia. In J. Jessen and F. Roost, eds. *Refitting Suburbia: Erneuerung der Stadt des 20.* Jahrhunderts in Deutschland und den USA. Berlin: Jovis, 113–29.

Boudreau, J. -A. 2016. *Global Urban Politics*. Cambridge: Polity.

Boustan, L. P. and R. A. Margo. 2013. A Silver Lining to White Flight? White Suburbanization and African–American Homeownership, 1940–1980. *Journal of Urban Economics* 78 (November): 71–80.

Bouton, S., S. M. Knupfer, I. Mihov and S. Swartz. 2015. Urban mobility at a tipping point, McKinsey Corporation; available at http://www.mckinsey.com/insights/sustainability/urban_mobility_at_a_tipping_point.

Bouzarovski, S. 2016. *Retrofitting the City: Residential Flexibility, Resilience and the Built Environment*. London and New York: I. B. Tauris.

Brantz, Dorothee B., S. Disko and G. Wagner-Kyora, eds. 2012. *Thick Space: Approaches to Metropolitanism*. Bielefeld: transcript.

Brenner, N. ed. 2014. *Implosions/Explosions: Towards a Study of Planetary Urbanization*. Berlin: Jovis Verlag.

Brenner, N. and C. Schmid 2015. Towards a new epistemology of the urban? *CITY*. 19, 2–3: 151–182, http://dx.doi.org/10.1080/13604813.2015.1014712
Bréville, B. 2016. Mobile homes can't move on. *Le Monde diplomatique*, March: 12–13.
Brugmann, J. 2009. *Welcome to the Urban Revolution*. Toronto: Viking Canada.
Bunnell, T., A. Maringanti. 2010. Practising Urban and Regional Research Beyond Metrocentricity. *International Journal of Urban and Regional Research*. 34: 415–20.
Bunting, T., P. Filion and H. Priston. 2002. Density Gradients in Canadian Metropolitan Regions, 1971–96: Differential Patterns of Central Area and Suburban Growth and Change. *Urban Studies* 39(13): 2531–52.
Burdett, R. and D. Sudjic, eds. 2007. *The Endless City*. London: Phaidon.
Burdett, R. and D. Sudjic. 2011. *Living in the Endless City*. London: Phaidon.
Burns, R. 2014. Sprawled Out in Atlanta, *PoliticoMagazine*, 8 May; available at http://www.politico.com/magazine/story/2014/05/sprawled-out-in-atlanta-106500.
Buxton, M. 2011. Greenbelt and peri-urban resilience to fundamental change. *Global Greenbelts conference, local solutions to global challenges; Closing panel: five big ideas for greenbelts*, 24 March 2011 Toronto.
Caldeira, T. 2013. São Paulo: The City and Its Protest. *openDemocracy*. 11 July. https://www.opendemocracy.net/opensecurity/teresa-caldeira/s%C3%A3o-paulo-city-and-its-protest.
Caldeira, T. 2016. Peripheral Urbanization: Autoconstruction, Transversal Logics and Politics in the Cities of the Global South. *EPD Society and Space*. 35, 1: 3–20.
Campbell, Duncan 2005. *Maputo: an African 'success story' but 80 percent still live in slums*. Available at http://www.theguardian.com/world/2005/feb/02/hearafrica05.development4?CMP=twt_gu.
Capps, Kriston 2015. White People Aren't Driving Growth in the Suburbs: The decline of white suburbia has already begun. The Atlantic CityLab, 29 July; available at http://www.citylab.com/housing/2015/07/white-people-arent-driving-growth-in-the-suburbs/399659/?utm_source=SFFB.
Carpio, G., C. Irazabal and L. Pulido. 2011. Right to the Suburb? Rethinking Lefebvre and Immigrant Activism. *Journal of Urban Affairs* 33, 2: 185–208.
Carter-Whitney, M. 2010. Ontario's greenbelt in an international context. Friends of the greenbelt foundation[online]. Available from: http://www.cielap.org/pdf/GreenbeltInternationalContext2010.pdf.
Castells, M. 1976. The Wild City. *Kapitalistate*, 4–5: 2–30.
Castells, M. 1977. *The Urban Question. A Marxist Approach* (A. Sheridan, translator). London: Edward Arnold. [Original publication in French, 1972].
Cervero, R. 2013. Linking Urban Transport and Land Use in Developing Countries. *Journal of Transport and Land Use* 6(1): 7–24.

Cervero, R. and A. Golub. 2007. Informal Transport: A Global Perspective. *Transport Policy* 14(6): 445–57.
Cervero, R. and J. Day. 2010. Effects of Residential Relocation on Household and Commuting Expenditures in Shanghai, China. *International Journal of Urban and Regional Research* 34(4): 762–88.
Chakrabarti, V. 2013. *A Country of Cities: A Manifesto for an Urban America.* New York: Metropolis Books.
Channel News Asia 2016. Zika fuelled by rapid urbanization, poor conditions in Latam's slums – experts, http://www.channelnewsasia.com/news/world/zika-fuelled-by-rapid-urb/2531488.html.
Charmes, E. 2005. Préface de Jean Rémy. *La Vie périurbaine face à la menace des gated communities.* Paris: L'Harmattan.
Charmes, E and R. Keil. 2015. The Politics of Post-Suburban Densification in Canada and France. *International Journal of Urban and Regional Research.* 581–602. DOI:10.1111/1468-2427.12194.
Cheng, W. 2014. *The Changs Next Door to the Díazes: Remapping Race in Suburban California.* Minneapolis: University of Minnesota Press.
CityMayors Statistics 2007. *The Largest Cities in the World by Land Area, Population and Density.* Available at http://www.citymayors.com/statistics/largest-cities-density-125.html.
Clapson, M. and R. Hutchison. 2010. *Suburbanization in Global Society.* Emerald Group Publishing.
Cohen, D. A. 2014. Seize the Hamptons. *Jacobin Magazine* 15–16: 151–59.
Coker, A. 2016. *Negotiating Informal Housing in Metro Manila: Forging Communities through Participation.* Jyväskylä: University of Jyväskylä.
Cowen, D. and N. Lewis. 2016. Anti-blackness and urban geopolitical economy: Reflections on Ferguson and the suburbanization of the 'internal colony', *Society & Space*; available at https://societyandspace.com/material/commentaries/deborah-cowen-and-nemoy-lewis-anti-blackness-and-urban-geopolitical-economy-reflections-on-ferguson-and-the-suburbanization-of-the-internal-colony/.
Cox, W. 2012. Density is Not the Issue: The Urban Scaling Research. Available at http://www.newgeography.com/content/002987-density-not-issue-the-urban-scaling-research.
Crawford, M. 2013. Little Boxes: High Tech and the Silicon Valley, *Room One Thousand,* Issue 1; http://www.roomonethousand.com/index#/little-boxes-high-tech-and-the-silicon-valley/.
Crawford, M. 2015. Afterword. In Archer, J., P. J. P. Sandul and K. Solomonson, eds. *Making Suburbia: New Histories of Everyday America.* Minneapolis: University of Minnesota Press, 381–7.

Crutzen, P. J. 2005. Human Impact on Climate has made this the 'Anthropocene Age'. *New Perspectives Quarterly* 22,2: 14–16.
Cutler, K. M. 2014. How Burrowing Owls Lead To Vomiting Anarchists (Or SF's Housing Crisis Explained); *TechCrunch* 14 April; available at http://techcrunch.com/2014/04/14/sf-housing/?ncid=twittersocialshare.
Davis, M. 1990. *City of Quartz: Excavating the Future in Los Angeles*. London: Verso.
Davis, M. 1994. The Suburban Nightmare: While older suburbs experience many problems of the inner city, 'edge cities' now offer a new escape, *Los Angeles Times*, 23 October, available at http://articles.latimes.com/1994-10-23/opinion/op-53893_1_edge-cities.
Davis, M. 1995. Los Angeles after the storm: The dialectic of ordinary disaster. *Antipode* 27, 3: 221–41.
Davis, M. 2006. *Planet of Slums. London*. New York: Verso.
Davis, M. 2011. Joblessness adds heat to Imperial Valley protests, *Los Angeles Times*, 8 November, available at http://articles.latimes.com/2011/nov/08/opinion/la-oe-davis-elcentro-20111108.
Dear, M. and N. Dahmann. 2011. Urban Politics and the Los Angeles School of Urbanism. In D. Judd and D. Simpson, eds. *The City, Revisited: Urban Theory from Chicago, Los Angeles, New York*. Minneapolis: University of Minnesota Press, 65–78.
De Jong, J. 2014. *New Suburbanisms*. London: Routledge.
De Meyer, D., K. Versluys, K. Borret, B Eeckhout, S. Jacobs and B. Keunen (Ghent Urban Studies Team). 1999. *The Urban Condition: Space, Community and Self in the Contemporary Metropolis*. Rotterdam: 010 Publishers.
Demos, T. J. 2015. IV. Capitalocene Violence, http://blog.fotomuseum.ch/2015/06/iv-capitalocene-violence/.
Desmond, M. 2017. How Homeownership Became the Engine of American Inequality, *The New York Times Magazine*, May 9, https://www.nytimes.com/2017/05/09/magazine/how-homeownership-became-the-engine-of-american-inequality.html.
Dikeç, M. 2007. *Badlands of the Republic: Space, Politics and Urban Policy*. Malden, MA; Oxford: Blackwell Publishers.
Dikeç, M. and E. Swyngedouw. 2017. Theorizing the Politicizing City. *International Journal of Urban and Regional Research*. [online early]
Dillon, L. 2017. California won't meet its climate change goals without a lot more housing density in its cities, *Los Angeles Times*, 6 March; available at http://www.latimes.com/politics/la-pol-ca-housing-climate-change-goals-20170306-story.html.
Dodson, J. 2007. *The Australian Suburb as a Socio-Technical Process: Towards a Research Agenda*. Urban Research Program, ENV, Griffith University.

Dodson, J. 2014. 'Suburbia under an Energy Transition: A Socio-technical Perspective'. *Urban Studies* 51(7) (May): 1487–505.

Dodson, J. and N. Sipe. 2009. A Suburban Crisis? Housing, Credit, Energy and Transport. *Journal of Australian Political Economy* 64: 199–210.

Doshi, V. 2016. Gurgaon: what life is like in the Indian city built by private companies. *Guardian*, 4 July; available at https://www.theguardian.com/sustainable-business/2016/jul/04/gurgaon-life-city-built-private-companies-india-intel-google?CMP=twt_gu.

Dossick C. S., L. Dunn, I. Fishburn, N. Gualy, K. R. Merlino and J. Twill. 2012. *The Conflicted City Hypergrowth, Urban Renewal and Mass Urbanization in Istanbul*. Runstad Center for Real Estate Studies, University of Washington. http://realestate.washington.edu/wp-content/uploads/2013/03/ConflictedCity.pdf.

Dreier, P. and T. Swanstrom. 2014. Suburban ghettos like Ferguson are ticking time bombs. *The Washington Post*, 21 August; available at https://www.washingtonpost.com/posteverything/wp/2014/08/21/suburban-ghettos-like-ferguson-are-ticking-time-bombs/.

Drummond, L. and D. Labbé. 2013. We're a Long Way from Levittown, Dorothy: Everyday Suburbanism as a Global Way of Life. In R. Keil, ed. *Suburban Constellations: Governance, Land and Infrastructure in the 21st Century*. Berlin: Jovis Verlag, 46–51.

Dunham-Jones, E. 2015. Umgestaltung von Suburbia: Ein amerikanischer oder ein globaler Trend. In J. Jessen and F. Roost, eds. *Refitting Suburbia: Erneuerung der Stadt des 20.* Jahrhunderts in Deutschland und den USA. Berlin: Jovis, 95–112.

Dunham-Jones, E. and J. Williamson 2009. *Retrofitting Suburbia: Urban Design Solutions for Redesigning Suburbs*. Hoboken: John Wiley and Sons.

Dunham-Jones, E. and J. Williamson. 2011. *Retrofitting Suburbia: Urban Design Solutions for Redesigning Suburbs*. Updated edn. Hoboken: Wiley & Sons.

Easterling, K. 2014. *Extrastatecraft: The Power of Infrastructure Space*. London and New York: Verso.

Economist 2008. An age of transformation. *The Economist*, 29 May, available at www.economist.com.

Economist 2016. Where do Canada's immigrants come from? *The Daily Chart*, 28 October; available at http://www.economist.com/blogs/graphicdetail/2016/10/daily-chart-18?fsrc=scn/tw/te/bl/ed/.

Edensor, T. and M. Jayne, eds. 2012. *Urban Theory Beyond the West: A World of Cities*. London and New York: Routledge.

Ehrenhalt, A. 2012. *The Great Inversion and the Future of the American City*. New York: Knopf.

Ekers, M., P. Hamel and R. Keil. 2012. Governing Suburbia: Modalities and Mechanisms of Suburban Governance. *Regional Studies* 46(3): 405–22.

Enright, T. 2016. *The Making of Grand Paris: Metropolitan Urbanism in the Twenty-First Century*. Cambridge, Massachusetts: The MIT Press.

Epstein, Renaud 2013. Le 'problème des banlieues' après la désillusion de la rénovation, *Métropolitiques*, 18 janvier. http://www.metropolitiques.eu/Le-probleme-des-banlieues-apres-la.html.

Farias, I. and S. Stemmler. 2012. Deconstructing 'Metropolis:' Critical Reflections on a European Concept. In D. Brantz, S. Disko and G. Wagner-Kyora, eds. *Thick Space: Approaches to Metropolitanism*. Bielefeld: Transcript, 49–66.

Farrell T. and S. Kelly. 2015. Ballymun: From high hopes to broken dreams, *Irish Examiner*, 3 August; http://www.irishexaminer.com/ireland/ballymun-from-high-hopes-to-broken-dreams-345936.html.

Fiedler, R. and J-P. Addie. 2008. Canadian Cities on the Edge. *The City Institute at York University: Occasional Paper Series* 1(1): 1–33.

Filion, P. 2013a. The Infrastructure is the Message: Shaping the Suburban Morphology and Lifestyle. In R. Keil. ed. *Suburban Constellations: Governance, Land and Infrastructure in the 21st Century*. Berlin: Jovis, 39–45.

Filion, P. 2013b. Automobiles, Highways and Suburban Dispersion. In R. Keil. ed. *Suburban Constellations: Governance, Land and Infrastructure in the 21st Century*. Berlin: Jovis, 79–84.

Filion, P. 2015. Suburban Inertia: The Entrenchment of Dispersed Suburbanism. Forthcoming in *International Journal of Urban and Regional Research*. 39, 3: 633–40.

Filion, P. and R. Keil. 2016. Contested Infrastructures: Tension, Inequity and Innovation in the Global Suburb. *Urban Policy and Research*. http://dx.doi.org/10.1080/08111146.2016.1187122.

Filion, P. and N. Pulver, eds. Forthcoming. *Global Suburban Infrastructure: Social Restructuring, Governance and Equity*. Toronto: University of Toronto Press.

Filion, P., K. McSpurren and B. Appleby. 2006. 'Wasted Density? The Impact of Toronto's Residential-density-distribution Policies on Public-transit Use and Walking'. *Environment and Planning A* 38(7): 1367–92.

Filler, M. 2016. Living Happy Ever After. *The New York Review of Books*. 21 April; http://www.nybooks.com/articles/2016/04/21/houses-living-happily-ever-after/.

Fishman, R. 1987. *Bourgeois Utopias: The Rise and Fall of Suburbia*. New York: Basic Books.

Fleischer, F. 2010. *Suburban Beijing: Housing and Consumption in Contemporary China*. Minneapolis: University of Minnesota Press.

Flew, T., M. Gibson, C. Collis and E. Felton. 2012. Creative Suburbia: Cultural Research and Suburban Geographies. *International Journal of Cultural Studies* 15(3): 199–203.
Florida, R. 2002. *The Rise of the Creative Class: And How It's Transforming Work, Leisure, Community and Everyday Life*. New York: Basic Books.
Florida, R. 2016. The Role of Cities in Preventing Crisis: A conversation with the scholar Josef Konvitz. Available at http://www.citylab.com/politics/2016/05/the-role-of-cities-in-preventing-crisis/483746/.
Fogelson, R. 2005. *Bourgeois Nightmares: Suburbia, 1870–1930*. New Haven and London: Yale University Press.
Fontenot, A. 2015. Notes Toward a History of Non-Planning: On design, the market and the state. *Places Journal* (January) Available at https://placesjournal.org/article/notes-toward-a-history-of-non-planning/#.
Ford, L. R. 1994. *Cities and Buildings: Skyscrapers, Skid Rows and Suburbs*. Baltimore and London: The Johns Hopkins University Press.
Forsyth, A. 2012. Defining Suburbs. *Journal of Planning Literature* 27, 3: 270–81.
Forsyth, A. 2014. Global Suburbia and the Transition Century: Physical Suburbs in the Long Term. *Urban Design International* 19, 4: 259–73.
Fortin, A. The Suburbs and the Bungalow Heritage in the Making. The Encyclopedia of French Cultural Heritage in North America. http://www.ameriquefrancaise.org/en/article-612/The_suburbs_and_the_bungalow_heritage_in_the_making.html.
Frank, C. 2008. Vertreibung aus dem reichen Herz der Städte, *Süddeutsche Zeitung*, 2 July; available at www.sueddeutsche.de.
Freund, D. M. P. 2016. We can't forget how racist institutions shaped homeownership in America, *The Washington Post*, 28 April, available at https://www.washingtonpost.com/news/wonk/wp/2016/04/28/we-cant-forget-how-racist-institutions-shaped-homeownership-in-america/.
Frey, W. 2014. The suburbs: not just for white people anymore. *The New Republic* (available at http://www.newrepublic.com/article/120372/white-suburbs-are-more-and-more-thing-past.
Friedman, A. 2013. *Covert Capital: Landscapes of Denial and the Making of U. S. Empire in the Suburbs of Northern Virginia*. Berkeley: University of California Press.
Friedmann, J. 2002. *The Prospect of Cities*. Minneapolis: University of Minnesota Press.
Friedmann, J. and J. Miller 1965. The Urban Field. *Journal of the American Institute of Planners* 31, 4: 312–20.

Gallagher, L. 2013. *The End of Suburbia: Where the American Dream is Moving.* New York: Penguin.

Gandy, M. 2014. *The Fabric of Space: Water, Modernity and the Urban Imagination.* Cambridge, MA: MIT Press.

Gans, H. 1967. *The Levittowners: Ways of Life and Politics in a New Suburban Community.* New York: Pantheon Books.

Garreau, J. 1991. *Edge City. Life on the New Frontier.* New York: Anchor Books.

Gee, M. 2017. Spillover: When the City Comes to the Country. *The Globe and Mail,* 4 March: M1–4.

Gibson, C., C. Brennan-Horley, B. Laurenson, N. Riggs, A. Warren, B. Gallan and H. Brown. 2012. 'Cool places, creative places? Community perceptions of cultural vitality in the suburbs.' *International Journal of Cultural Studies* 15(3): 287–302.

Gilbert, L. and F. De Jong. 2015. Entanglements of Periphery and Informality in Mexico City. *International Journal of Urban and Regional Research.* 39, 3: 518–32.

Glaeser, E. 2011. *Triumph of the City: How Our Best Invention Makes Us Richer, Smarter, Greener, Healthier and Happier.* New York: Penguin Press.

Gleeson, B. 2014. What Role for Social Science in the 'Urban Age'? In N. Brenner, ed., *Implosions/Explosions: Towards a Study of Planetary Urbanization.* Berlin: Jovis Verlag, 338–52.

Gordon, I. 2016. Next London Mayor should work with Wider South East to rethink the green belt, LSE Centre for Cities. Available at http://www.centreforcities.org/blog/next-london-mayor-work-wider-south-east-rethink-green-belt/.

Gordon, D. L. A. and M. Janzen. 2013. Suburban Nation? Estimating the Size of Canada's Suburban Population. *Journal of Architectural and Planning Research* 30, 3: 197.

Gottdiener, M. 1977. *Planned Sprawl.* Beverly Hills and London: Sage Publications.

Graham, S. and S. Marvin. 2001. *Splintering Urbanism: Networked Infrastructures, Technological Mobilities and the Urban Condition.* London: Routledge.

Greason, W. D. 2012. *Suburban Erasure: How the Suburbs Ended the Civil Rights Movement in New Jersey.* New Jersey: Fairleigh Dickinson University Press.

Greenfield, A. 2016. Where are the world's newest cities…and why do they all look the same? *The Guardian Cities,* 28 January. http://www.theguardian.com/cities/2016/jan/28/where-world-newest-cities-look-same.

Grunwald, M. 2015. Overpasses. A Love Story. Politico (August); Available at http://www.politico.com/agenda/issue/transportation-august-2015.

Guardian 2015. Facebook offers employees $10,000 to live close to the office, *Guardian,* 15 December, available at https://www.theguardian.com/technology/2015/dec/18/facebook-offers-employees-10000-to-live-close-to-the-office?utm_source=esp&utm_medium=Email&utm_campaign=GU

+Today+main+NEW+H&utm_term=144848&subid=12447916&CMP=EMCNEWEML661912.
Guerra, E. 2016. Planning for Cars That Drive Themselves: Metropolitan Planning Organizations, Regional Transportation Plans and Autonomous Vehicles. *Journal of Planning Education and Research* 36(2): 210–24.
Guney, M., R. Keil, M. Ucoglu, eds. Forthcoming. *Massive Suburbanization*. Toronto: University of Toronto Press.
Gururani, S. 2013. On Capital's Edge: Gurgaon: India's Millennial City. In R. Keil, ed. *Suburban Constellations: Governance, Land and Infrastructure in the 21st Century*. Berlin: Jovis Verlag, 182–9.
Gururani, S. Forthcoming. Cities in a World of Villages: Tracking the urban through the agrarian. *Urban Geography*.
Gururani, S. and B. Kose. 2015. Shifting Terrain: Questions of Governance in India's Cities and Their Peripheries. In P. Hamel and R. Keil, eds. *Suburban Governance: A Global View*. Toronto: University of Toronto Press, 278–302.
Hae, L. Forthcoming. The 'Construction State' Unbound: Variegated Neoliberal Urbanization and Struggles over Greenbelt Deregulation in the Seoul Metropolitan Region. *International Journal of Urban and Regional Research*.
Haila, A. 2015. *Urban Land Rent: Singapore as a Property State*. Oxford: Wiley Blackwell.
Haldeman, P. 2015. The Building of Bigger Mansions Leaves Los Angeles in the Dust. *The New York Times International Weekly*, Weekend, 31 January–1 February, p. 6.
Hamel, P. and R. Keil, eds. 2015. *Suburban Governance: A Global View*. Toronto: University of Toronto Press.
Hanlon, B., J. R. Short and T. J. Vicino. 2010. *Cities and Suburbs: New Metropolitan Realities in the US*. New York: Routledge.
Harlander, T. 2011. Die 'Modernität' der Boomjahre: Flächensanierung und Großsiedlungsbau, *ARCH+*, 44, 203, June: 18.
Harris, C. 2004. How Did Colonialism Dispossess? Comments from an Edge of Empire, *Annals of the Association of American Geographers*, 94(1), 165–82.
Harris, R. 2004. *Creeping Conformity: How Canada Became Suburban, 1900–1960*. Toronto: University of Toronto Press.
Harris, R. 1996. *Unplanned Suburbs: Toronto's American Tragedy, 1900–1950*. Baltimore and London: The Johns Hopkins University Press.
Harris, R. 2010. Meaningful Types in a World of Suburbs. In M. Clapson and R. Hutchinson, eds. *Suburbanization in Global Society*. Bingley, UK: Emerald, 15–50.
Harris, R. 2013. How Land Markets Make and Change Suburbs. In R. Keil, ed. *Suburban Constellations: Governance, Land and Infrastructure in the 21st Century*. Berlin: Jovis.

Harris, R. 2014. Using Toronto to Explore Three Suburban Stereotypes and Vice Versa. *Environment and Planning A* 46(1): 30–49.

Harris, R. and P. J. Larkham. 1999. Suburban Foundation, Form and Function. In Harris, R. and P. J. Larkham, eds. *Changing Suburbs. Foundation, Form and Function*. New York: E. and F. N. Spon.

Harris, R. and U. Lehrer, eds. 2018. *The Suburban Land Question: A Global* Survey. Toronto: University of Toronto Press.

Harris, R. and C. Vorms, eds. 2017. *What's in a Name? Talking about 'Suburbs'*. Toronto: University of Toronto Press.

Harvey, D. 1982. *The Limits to Capital*. Oxford: Blackwell.

Harvey, D. 1996. *Justice, Nature and the Geography of Difference*. Oxford: Blackwell.

Harvey, D. 2007. The Right to the City. *New Left Review*, 53 (Sept/Oct), 23–40.

Harvey, D. 2013. New David Harvey Interview on Class Struggle in Urban Spaces. Critical-Theory, 7 August 2013. http://www.critical-theory.com/david-harvey-interview-class-struggle-urban-spaces/.

Hayden, D. 2003. *Building Suburbia: Green Fields and Urban Growth, 1820–2000*. New York: Pantheon Books.

Heeg, S. 2017. Governing the Built Environment in European Metropolitan Regions: Financialization, Responsibilization and Urban Competition. In R. Keil, P. Hamel, J. -A. Boudreau and S. Kipfer, eds. 2017. *Governing Cities Through Regions: Canadian and European Perspectives*. Waterloo: Wilfrid Laurier University Press: 65–82.

Heiman, R. 2015. *Driving After Class: Anxious Times in an American Suburb*. Oakland, California: University of California Press.

Heinrichs, D. and H. Nuissl. 2015. Suburbanization in Latin America: Towards New Authoritarian Modes of Governance at the Urban Margin. In P. Hamel and R. Keil, eds. *Suburban Governance: A Global View*. Toronto: University of Toronto Press, 216–38.

Hertel, S., R. Keil and M. Collens. 2015. *Switching Tracks: Towards transit equity in the Greater Toronto and Hamilton Area*. Toronto: The City Institute at York University.

Hertel, S., R. Keil and M. Collens. 2016. *Next Stop Equity: Routes to fairer transit access in the Greater Toronto and Hamilton Area*. Toronto: The City Institute at York University.

Herzog, L. 2015. *Global Suburbs: Urban Sprawl from the Rio Grande to Rio de Janeiro*. London: Routledge.

Hesse, M. 2013. Cities and Flows: Re-Asserting a Relationship as Fundamental as it is Delicate. *Journal of Transport Geography* 29: 33–42.

Hesse, M. 2015. Suburbs: the next slum? Explorations into the contested terrain of social construction and political discourse. *Articulo – revue de sci-*

ences humaines [En ligne], mis en ligne le 20 décembre 2015. URL: http://articulo.revues.org/1552

Heynen, N. C. 2014. Urban Political Ecology 1: The Urban Century. *Progress in Human Geography* 38, 4: 598–604.

Heynen, N., M. Kaika and E. Swyngedouw. 2006. Urban political ecology: politicizing the production of urban natures. In N. C. Heynen, M. Kaika and E. Swyngedouw, eds. *In the Nature of Cities: Urban Political Ecology and the Politics of Urban Metabolism*. Abingdon: Routledge, 1–20.

Hirt, S. 2012. *Iron Curtains: Gates, Suburbs and Privatization of Space in the Post-Socialist City*. Oxford: Wiley-Blackwell.

Hirt, S. and A. Kovachev. 2015. Suburbia in Three Acts: The East European Story. In P. Hamel and R. Keil, eds. *Suburban Governance: A Global View*. Toronto: University of Toronto Press, 177–97.

Hoch, C. 1985. Municipal Contracting in California: Privatizing with Class. *Urban Affairs Review* 20,3: 303–23.

Hodson, M. and S. Marvin. 2010. Urbanism in the Anthropocene: Ecological Urbanism or Premium Ecological Enclaves? *City* 14,3: 298–313.

Hodson, M. and S. Marvin, eds. 2016. *Retrofitting Cities: Priorities, Governance and Experimentation*. London: Routledge.

Hochschild, A. R. 2016a. *Strangers in their Own Land: Anger and Mourning on the American Right*. New York and London: The New Press.

Hochschild, A. R. 2016b. How the 'Great Paradox' of American politics holds the secret to Trump's success, *Guardian*, 7 September; Available at https://www.theguardian.com/us-news/2016/sep/07/how-great-paradox-american-politics-holds-secret-trumps-success.

Horkheimer, M. and T. W. Adorno. 1972. *Dialectic of Enlightenment*. New York: Continuum.

Hudalah, D., H. Winarso and J. Woltjer. 2016. Gentrifying the Peri-Urban: Land Use Conflicts and Institutional Dynamics at the Frontier of an Indonesian Metropolis. *Urban Studies* 53, 3: 593–608.

Hughes, T. 1987. The Evolution of Large Technological Systems. In W. Bijker, T. Hughes and T. Pinch, eds. *The Social Construction of Technological Systems*, Cambridge, MA and London, UK, 50–82.

Hulchanski, D. 2010. *The Three Cities Within Toronto. Income Polarization Among Toronto's Neighbourhoods, 1970–2005*. Toronto: University of Toronto.

Hume, C. 2015. It is time to transform the suburbs. *Toronto Star*, 13 February. Available at http://www.thestar.com/news/gta/2015/02/13/its-time-to-transform-the-suburbs-hume.html.

Humphreys, C. 2016. Cities are not as big a deal as you think. *Undark*. 6 June. https://undark.org/article/cities-suburbs-urban-social-environmental/.

Huq, R. 2013. *Making Sense of Suburbia through Popular Culture*. London: Bloomsbury.

Jacobs, J. 1969. *The Economy of Cities*. London: Jonathan Cape.

Jacobs, J. 1996. *Edge of Empire: Postcolonialism and the City*. London: Routledge.

Jauhiainen, J. S. 2013. Suburbs. In P. Clark, ed. *The Oxford Handbook of Cities in World History*. Oxford: Oxford University Press, 791–809.

Jeffries, S. 2014. Mordor, he wrote: how the Black Country inspired Tolkien's badlands. *Guardian*. 19 September. Available at http://www.theguardian.com/books/2014/sep/19/how-the-west-midlands-black-country-inspired-tolkien-lord-of-the-rings.

Jessen, J. and F. Roost, eds. 2015a. *Refitting Suburbia: Erneuerung der Stadt des 20. Jahrhunderts in Deutschland und den USA*. Berlin: Jovis.

Jessen, J. and F. Roost. 2015b. Editorial: Refitting Suburbia – Umbau der Siedlungsstrukturen des 20. Jahrhunderts, in *Refitting Suburbia: Erneuerung der Stadt des 20. Jahrhunderts in Deutschland und den USA*. Berlin: Jovis, 7–22.

Johnson, K. S. 2014. Black Suburbanization: American Dream or the New Banlieue?, *The CitiesPapers*, http://citiespapers.ssrc.org/black-suburbanization-american-dream-or-the-new-banlieue/

Johnson, L. C. 2013. Desire, Dryness and Decadence. In R. Keil, ed. *Suburban Constellations: Governance, Land and Infrastructure in the 21st Century*. Berlin: Jovis Verlag, 190–4.

Johnson, L. C. 2015. Governing Suburban Australia. In P. Hamel and R. Keil, eds. *Suburban Governance: A Global View*. Toronto: University of Toronto Press, 110–29.

Jonas, A. E. G., S. Pincetl and J. Sullivan. 2013. Endangered Neoliberal Suburbanism? The Use of the Federal Endangered Species Act as a Growth Management Tool in Southern California. *Urban Studies* 50(11): 2311–31.

Judd, D. R. and D. Simpson, eds. 2011. *The City Revisited: Urban Theory from Chicago, Los Angeles, New York*. Minneapolis: University of Minnesota Press.

Kabisch, S. and D. Rink. 2015. Governing Shrinkage of Large Housing Estates at the Fringe. In P. Hamel and R. Keil, eds. *Suburban Governance: A Global View*. Toronto: University of Toronto Press, 198–215.

Kaika, M. 2015. The Uncanny Materialities of the Everyday: Domesticated Nature as the Invisible 'Other'. In S. Graham and C. McFarlane, eds. *Infrastructural Lives: Urban Infrastructure in Context*. New York and Abingdon: Routledge, Earthscan, 9–52.

Kaika, M. and L. Karaliotas. 2016. The Spatialization of Democratic Politics: Insights from Indignant Squares. *European Urban and Regional Studies* 23(4) (October): 556–70.

Kaika, M. and E. Swyngedouw. 2000. Fetishizing the Modern City: The Phantasmagoria of Urban Technological Networks. *International Journal of Urban and Regional Research*. 4, 1:120–38.

Katz, B. and J. Bradley. 2013. *The Metropolitan Revolution: How Cities and Metros Are Fixing Our Broken Politics and Fragile Economy*. Brookings.

Keil, R. 1998. *Los Angeles: Globalization, Urbanization and Social Struggles*. Chichester: Wiley.

Keil, R. 2003. Progress Report: Urban Political Ecology. *Urban Geography* 24, 8: 723–38.

Keil, R. 2007. Empire and the Global City: Perspectives of Urbanism after 9/11. *Studies in Political Economy* 79: 167–92.

Keil, R. ed. 2013. *Suburban Constellations: Governance, Land and Infrastructure in the 21st Century*. Berlin: Jovis Verlag.

Keil, R. and J. P. Addie. 2015. 'It's Not Going to be Suburban, It's Going to be All Urban': *Assembling Postsuburbia in the Toronto and Chicago Regions*. (September) 39, 5: 892–911.

Keil, R. and P. Hamel. 2015. Conclusion: Suburban Governance: Convergent and Divergent Dynamics. In P. Hamel and R. Keil, eds. *Suburban Governance: A Global View*. Toronto: University of Toronto Press, 349–58.

Keil, R., P. Hamel, J.-A. Boudreau and S. Kipfer, eds. 2017. *Governing Cities Through Regions: Canadian and European Perspectives*. Waterloo: Wilfrid Laurier University Press.

Keil, R., P. Hamel, E. Chou and K. Williams. 2015. Modalities of Suburban Governance in Canada. In P. Hamel and R. Keil, eds. *Suburban Governance: A Global View*. Toronto: University of Toronto Press.

Keil, R. and S. Macdonald. 2016. Rethinking Urban Political Ecology from the Outside in: Greenbelts and Boundaries in the Post-Suburban City. *Local Environment*, DOI:10.1080/13549839.2016.1145642.

Keil, R. and K. Ronneberger. 1994. Going up the Country: Internationalization and Urbanization on Frankfurt's Northern Fringe. *Environment and Planning D: Society and Space* 12(2): 137–66.

Keil, R. and M. Whitehead. 2012. Cities and the Politics of Sustainability. In K. Mossberger, S. E. Clarke and P. John, eds. *The Oxford Handbook of Urban Politics*. New York: Oxford University Press, 520–3.

Keil, R. and D. Young. 2009. Fringe Explosions: Risk and Vulnerability in Canada's New In-Between Urban Landscape, *The Canadian Geographer* 53, 3: 374–86.

Keil, R. and D. Young. 2014. Locating the Urban In-Between: Tracking the Urban Politics of Infrastructure in Toronto. *International Journal of Urban and Regional Research* 38(5): 1589–608.

Kelly, B. M. 2009. Introduction. In D. Rubey, ed. *Redefining Suburban Studies: Searching for New Paradigms*. Hofstra University: The National Center for Suburban Studies, 1–5.

King, A. D. 2004. *Spaces of Global Cultures: Architecture, Urbanism, Identity*. London; New York: Routledge.

Kipfer, S. n. d. *Demolition and Counterrevolution: La Rénovation Urbaine in Greater Paris*. Unpublished. Toronto: York University.

Kipfer, S., P. Saberi, T. Wieditz. 2013. Henri Lefebvre: Debates and Controversies. *Progress in Human Geography* 37, 1: 115–34.

Kling, R., S. Olin and M. Poster. 1995. The Emergence of Postsuburbia: An Introduction. In R. Kling, S. Olin and M. Poster, eds. *Postsuburban California*. Berkeley: University of California Press, 1–30.

Kneebone, E. and A. Berube. 2014. *Confronting Suburban Poverty in America*. Brookings Institution Press.

Kneebone, E. and C. A. Nadeau. 2015. 'The Resurgence of Concentrated Poverty in America: Metropolitan Trends in the 2000s'. In K. B. Anacker, ed. *The New American Suburb: Poverty, Race and the Economic Crisis*, Farnham. Surrey: Ashgate, 15–38.

Knox, P. 2008. *Metroburbia, USA*. New Jersey: Rutgers University Press.

Kohn, M. 2016. *The Death and Life of the Urban Commonwealth*. Oxford: OUP.

Kooy, M. and K. Bakker. 2008. Splintered Networks: The Colonial and Contemporary Waters of Jakarta. *Geoforum* 39: 1843–58.

Kotkin, J. 2013. How Can We Be So Dense? Anti-Sprawl Policies Threaten America's Future. *Forbes Magazine*. Available at http://www.forbes.com/sites/joelkotkin/2013/08/08/how-can-we-be-so-dense-anti-sprawl-policies-threaten-americas-future/.

Kruse, K. M. and T. J. Sugrue. 2006. *The New Suburban History*. Chicago: The University of Chicago Press.

Kunstler, J. H. 1993. *The Geography of Nowhere: The Rise And Decline of America's Man-Made Landscape*. New York: Free Press.

Lang, R., J. LeFurgy and A. C. Nelson. 2006. *The Six Suburban Eras of the United States*. *Opolis* 2(1): 65–72.

Lang, R. E. and J. B. LeFurgy. 2007. *Boomburbs: The Rise of America's Accidental Cities*. Washington, D.C.: Brookings Institution Press.

Larco, N. 2010. Suburbia Shifted: Overlooked Trends and Opportunities in Suburban Multifamily Housing. *Journal of Architectural and Planning Research* 27, 1: 70–87.

Lawhon, M., H. Ernstson and J. Silver. 2014. 'Provincializing Urban Political Ecology: Towards Situated UPE Through African Urbanism'. *Antipode* 46, 2: 497–516. DOI:10.1111/anti.12051.

Lawton, P., E. Murphy and D. Redmond. 2013. Residential Preferences of the 'Creative Class'? *Cities*. 31: 47–56.
Lazarus, E. D. 2014. Land Grabbing as a Driver of Environmental Change. *Area* 46(1): 74–82.
Lefebvre, H. 1989. Quand la ville se perd dans une métamorphose planétaire, in *Le Monde diplomatique*, May; republished in Manière de voir 114, *Le Monde diplomatique*, December 2010/January 2011, 20–3.
Lefebvre, H. 1991. *The Production of Space*. Oxford: Blackwell.
Lefebvre, H., [ed. by E. Kofman and E. Lebas]. 1996. *Writings on Cities*. Cambridge, MA: Blackwell Publishers.
Lefebvre, H. 2003. *The Urban Revolution*. Minneapolis: University of Minnesota Press.
Lefebvre, H. 2014. Dissolving City, Planetary Metamorphosis. *Environment and Planning D: Society and Space*, 32, 2035.
Lefebvre, H. and K. Ross. 2015. Finding a Larger Theory of the City: Henri Lefebvre und die Situationistische Internationale. *Dérive* 58: 45–50.
Le Galès, P. 2002. *European Cities: Social Conflicts and Governance*. New York: Oxford University Press.
Lehrer, U. 1994 The Image of the Periphery: The Architecture of FlexSpace, *Environment and Planning D: Society and Space*, 12 (2), 187–205.
Lehrer, U., R. Harris and R. Bloch. 2015. La question du territoire suburbain, *Pole Sud: Revue de science de l'Europe méridionale*, special issue Sous le foncier, la politique, 42, 1: 63–85.
Leinberger, C. 2008. The Next Slum? *The Atlantic*. March. https://www.theatlantic.com/magazine/archive/2008/03/the-next-slum/306653/.
Lewinnek, E. 2014. *The Working Man's Reward*. Oxford: Oxford University Press.
Lewis, R., ed. 2004a. *Manufacturing Suburbs: Building Work and Home on the Metropolitan Fringe*. Philadelphia: Temple University Press.
Lewis, R. 2004b. Introduction. In R. D. Lewis, ed. 2004a. *Manufacturing Suburbs: Building Work and Home on the Metropolitan Fringe*. Philadelphia: Temple University Press.
Lewyn, M. 2016. Two Types of Black Suburbanization, *Planetizen*, 3 January; available at: http://www.planetizen.com/node/82983/two-types-black-suburbanization.
Ley, D. and N. Lynch. 2012. Divisions and Disparities in Lotus-Land: Socio-Spatial Income Polarization in Greater Vancouver, 1970–2005. Research Paper 223, Cities Centre, University of Toronto.
Li, W. 1998. Anatomy of a New Ethnic Settlement: The Chinese Ethnoburb in Los Angeles. *Urban Studies* 35(3): 479–501.
Li, W. 2009. *Ethnoburb: The New Ethnic Community in Urban America*. Honolulu: University of Hawai'i Press.

Logan, J. R. 2014. Separate and Unequal in Suburbia. Census Brief prepared for Project US2010. http://www.s4.brown.edu/us2010.

Logan, J. and H. Molotch. 1987. *Urban Fortunes: The Political Economy of Place*. Berkeley: University of California Press.

Logan, S. Forthcoming. *In the Suburbs of History: Modernist Visions of the Urban Periphery*. Toronto: University of Toronto Press.

Lutz, A. 2017. The American suburbs as we know them are dying, *Business Insider*, 5 March; http://www.businessinsider.com/death-of-suburbia-series-overview-2017-3.

Mabin, A. 2013. Suburbanisms in Africa? In R. Keil, ed. *Suburban Constellations: Governance, Land and Infrastructure in the 21st Century*. Berlin: Jovis Verlag, 154–60.

Mabin, A., S. Butcher and R. Bloch. 2013. Peripheries, Suburbanisms and Change in Sub-Saharan African Cities. *Social Dynamics: A Journal of African Studies* 39(2). DOI:10.1080/02533952.2013.796124, 167–90.

Macdonald, S. and L. Lynch. Forthcoming. 'Greenfrastructure': The Ontario Greenbelt as Urban Boundary. In P. Filion and N. Pulver, eds. Forthcoming. *Global Suburban Infrastructure: Social Restructuring, Governance and Equity*. Toronto: University of Toronto Press.

Mace, A., N. A. Phelps and R. Rodieri. 2017. City of villages? Stasis and change in London's suburbs. In N. A. Phelps, ed. *Old Europe, New Suburbanization? Governance, Land and Infrastructure in European Suburbanization*, Toronto: University of Toronto Press.

McCann, L. 2006. A Regional Perspective on Canadian Suburbanization: Reflections on Richard Harris's 'Creeping Conformity'. *Urban History Review* 35(1): 32–45.

McFarlane, C. 2016. The Geographies of Urban Density: Topology, Politics and the City. *Progress in Human Geography* 40: 629–48.

McFarlane, C., R. Desai and S. Graham. 2014. Informal Urban Sanitation: Everyday Life, Comparison and Poverty. *Annals of the Association of American Geographers* 104: 989–1011.

McFarlane, C. and J. Rutherford. 2008. Political Infrastructures: Governing and Experiencing the Fabric of the City. *International Journal of Urban and Regional Research*, 32, 2: 363–74.

McGee, T. 1991. The Emergence of 'Desakota' Regions in Asia: Expanding a Hypothesis. In N. Ginsberg, ed. *The Extended Metropolis: Settlement Transition in Asia*. Honolulu: University of Hawaii Press, 3–26.

McGee, T. 2013. Suburbanization in a 21st Century. In R. Keil, ed. *Suburban Constellations: Governance, Land and Infrastructure in the 21st Century*. Berlin: Jovis Verlag, 18–25.

McGee, T. 2015. Deconstructing the Decentralized Urban Spaces of the Mega-Urban Regions in the Global South. In P. Hamel and R. Keil, eds. *Suburban Governance: A Global View*. Toronto: University of Toronto Press, 325–36.

McGuirk, J. 2014. *Radical Cities: Across Latin America in Search of a New Architecture*. London: Verso.

Maginn, P. J. and C. Steinmetz, eds. 2015. *(Sub)Urban Sexscapes: Geographies and Regulation of the Sex Industry*. London: Routledge.

Magnusson, W. 2011. *Politics of Urbanism. Seeing like a city*. London and New York: Routledge.

Maher, K. H. 2004. Borders and Social Distinction in the Global Suburb. *American Quarterly* 56(3): 781–806.

Major, C. 2013. Fort McMurray, the Suburb at the End of the Highway. In R. Keil, ed. *Suburban Constellations: Governance, Land and Infrastructure in the 21st Century*. Berlin: Jovis Verlag, 143–9.

Marohn, C. 2015. America's suburban experiment, *Strong Towns Journal*, 15 December 2015; available at http://www.strongtowns.org/curbside-chat-1/2015/12/14/americas-suburban-experiment.

Marohn, C. 2016. Sprawl is not the problem, *Strong Towns Journal*, 18 April 2016; available at http://www.strongtowns.org/journal/2016/4/17/sprawl-is-not-the-problem.

Marshall, C. 2016. A 'radical alternative': how one man changed the perception of Los Angeles, *Guardian*, 24 August, available at https://www.theguardian.com/cities/2016/aug/24/radical-alternative-reyner-banham-man-changed-perception-los-angeles.

Mayer, M. 2012. Metropolitan Research in Transatlantic Perspective: Differences, Similarities and Conceptual Diffusion. In D. Brantz, S. Disko, G. Wagner-Kyora, eds. *Thick Space: Approaches to Metropolitanism*. Bielefeld: Transcript 2012, 105–22.

Mayer, M. 2017. Movements and Politics in the Metropolitan Region. In R. Keil, P. Hamel, J. -A. Boudreau and S. Kipfer, eds. *Governing Cities through Regions: Canadian and European Perspectives*. Waterloo: Wilfrid Laurier University Press, 39–61.

Merrifield, A. 2012. Whither Urban Studies. cities@manchester (http://citiesmcr.wordpress.com/2012/12/10/whither-urban-studies/), 10 December; last viewed, 5 May 2014.

Merrifield, A. 2013. *The Politics of the Encounter. Urban Theory and Protest under Planetary Urbanization*. Athens and London: University of Georgia Press.

Mitchell, D. 2004. *Cloud Atlas*. New York: Random House.

Mitchell, D. 2010. *The Thousand Autumns of Jacob De Zoet*. Toronto: Knopf Canada.

Moench, M. and D. Gyawali. 2008. Desakota: Reinterpreting the Urban-Rural Continuum, Part 2; Re-imagining the Rural-Urban Continuum. Understanding the role ecosystem services play in the livelihoods of the poor in desakota regions undergoing rapid change. Research Gap Assessment by The Desakota Study Team, Institute for Social and Environmental Transition – Nepal (ISET-Nepal).

Monstadt, J. and S. Schramm. 2013. Beyond the Networked City: Suburban Constellations in Water and Sanitation Systems. In R. Keil, ed. *Suburban Constellations: Governance, Land and Infrastructure in the 21st Century*. Berlin: Jovis Verlag, 85–94.

Monte-Mor, R. L. 2014a. Extended Urbanization and Settlement Patterns in Brazil: An Environmental Approach. In N. Brenner, ed. *Implosions / Explosions*. Berlin: Jovis, 109–20.

Monte-Mor, R. L. 2014b. What is the Urban in the Contemporary World? In N. Brenner, ed. *Implosions / Explosions*. Berlin: Jovis, 260–7.

Montero, S. 2016. Study tours and inter-city policy learning: Mobilizing Bogotá's transportation policies in Guadalajara, *Environment and Planning A* 0308518X16669353.

Moore, J. 2014. The Capitalocene, Part I: On the Nature and Origins of Our Ecological Crisis, at: http://www.jasonwmoore.com/Essays.html.

Moos, M. and P. Mendez. 2015. Suburban ways of living and the geography of income: How homeownership, single-family dwellings and automobile use define the metropolitan social space, *Urban Studies*, 52, 10, August, 1864–82.

Moos, M. and R. Walter-Joseph, eds. 2017. *Still Detached and Subdivided*. Berlin: Jovis.

Myerson, Jesse A. 2017. Trumpism: It's Coming From the Suburbs, *The Nation*, 22–9 May. https://www.thenation.com/article/trumpism-its-coming-from-the-suburbs/

Newkirk, V. R. II 2015. The Acts of God. *Seven Scribes*, 19 March; Available at http://sevenscribes.com/the-acts-of-god/.

Nicolaides, B. M. 2002. *My Blue Heaven: Life and Politics in the Working-Class Suburbs of Los Angeles, 1920–1965*. Chicago: The University of Chicago Press.

Nijman, J. 2015. The Theoretical Imperative of Comparative Urbanism: A Commentary on 'Cities beyond Compare?' By Jamie Peck. *Regional Studies* 49(1): 183–6.

Nijman, J. and T. Clery. 2015. The United States: Suburban Imaginaries and Metropolitan Realities. In P. Hamel and R. Keil, eds. *Suburban Governance: A Global View*. Toronto: University of Toronto Press.

Nussbaum, A. 2017. Paris Big Dig Abandons Chic Haussmann for Trains to the Suburbs. Bloomberg, 10 March. https://www.bloomberg.com/news/articles/2017-03-10/paris-big-dig-abandons-chic-haussmann-for-trains-to-the-suburbs.

Ortega, A. 2012. Desakota and Beyond: Neoliberal Production of Suburban Space in Manila's Fringe. *Urban Geography* 33(8): 1118–43.

Ortega, A. 2016. *Neoliberalizing Spaces in the Philippines: Suburbanization, Transnational Migration and Dispossession*. Lexington Books/Rowman & Littlefield.

Osberg, M. 2016. I spent Election Night with the regular-ass suburban white people who elected Trump, Fusion, 10 November, http://fusion.net/story/368805/staten-island-trump-supporters-white-suburbia-despair/.

Park, R. E., E. Burgess and R. McKenzie. 1925. *The City*. University of Chicago Press.

Peck, J. 2015a. Chicago-School Suburbanism. In P. Hamel and R. Keil, eds. *Suburban Governance: A Global View*. Toronto: University of Toronto Press, 130–52.

Peck, J. 2015b. Cities beyond Compare? *Regional Studies* 49(1) (January): 160–82.

Peck, J., E. Siemiatycki and E. Wyly. 2014. Vancouver's suburban involution. *City: Analysis of Urban Trends, Culture, Theory, Policy, Action* 18(4–5). DOI:10.1080/13604813.2014.939464, 386–415.

Phelps, N. A. 2012. The Sub-Creative Economy for the Suburbs in Question. *International Journal of Cultural Studies* 15(3): 259–71.

Phelps, N. A. 2015. *Sequel to Suburbia: Glimpses of America's Post-Suburban Future*. Cambridge: The MIT Press.

Phelps, N. A. ed. 2017. *Old Europe: New Suburbanization? Governance, Land and Infrastructure in European Suburbanization*. Toronto: University of Toronto Press.

Phelps, N. A. and A. T. Vento. 2015. Suburban Governance in Western Europe. In P. Hamel and R. Keil, eds. *Suburban Governance: A Global View*. Toronto: University of Toronto Press, 155–76.

Phelps, N. A. and A. M. Wood. 2011. The New Post-Suburban Politics? *Urban Studies* 48(12): 2591–610.

Phelps, N. A. and F. Wu, eds. 2011. *International Perspectives on Suburbanization: a Post-suburban World?* London: Palgrave Macmillan.

Phillips, M. 2014. Most Germans don't buy their homes, they rent. Here's why. *Quartz Media*, 23 January. http://qz.com/167887/germany-has-one-of-the-worlds-lowest-homeownership-rates/.

Philpott, T. L. 1978. *The Slum and the Ghetto: Immigrants, Blacks and Reformers in Chicago, 1880–1930*. Oxford: OUP.

Pincetl, S., A. E. Jonas and J. Sullivan, 2011. 'Political ecology and habitat conservation for endangered species planning in southern California: region, places and ecological governance'. *Geoforum* 42(4): 427–38.

Pitter, J. 2016. Introduction, In Pitter, J. and J. Lorinc, eds. *Subdivided: City-Building in an Age of Hyper-Diversity*. Toronto: Coach House Books, 5–12.

Pitter, J. and J. Lorinc, eds. 2016. *Subdivided: City-Building in an Age of Hyper-Diversity*. Toronto: Coach House Books.

Poitras, C. 2011. A City on the Move: The Surprising Consequences of Highways. In S. Castonguay and M. Dagenais, eds. *Metropolitan Natures: Environmental Histories of Montreal*. Pittsburgh, PA: University of Pittsburgh Press, 168–86.

Pooley, K. B. 2015. Debunking the 'Cookie-Cutter' Myth for Suburban Places and Suburban Poverty: Analyzing Their Variety and Recent Trends. In K. B. Anacker, ed. *The New American Suburb: Poverty, Race and the Economic Crisis*. Farnham, Surrey: Ashgate, 39–80.

Poppe, W. and D. Young. 2015. The Politics of Place: Place-making Versus Densification in Toronto's Tower Neighbourhoods. *International Journal of Urban and Regional Research*. 39, 3: 613–21.

Pow, C. P. 2012. China Exceptionalism? Unbounding Narratives on Urban China. In T. Edensor and M. Jayne, eds. *Urban Theory Beyond the West: A World of Cities*. London and New York: Routledge, 47–64.

Prigge, W. 1991. Übergänge: Auf der Schwelle einer neuen Stadtentwicklungspolitik. In T. Koenigs, ed. *Vision offener Grünräume: GrünGürtel Frankfurt*. Frankfurt & New York: Campus Verlag, 1173–8.

Pulido, L. 2000. Rethinking Environmental Racism: White Privilege and Urban Development in Southern California. *Annals of the Association of American Geographers* 90(1): 12–20.

Pulido, L. 2015. Geographies of Race and Ethnicity I: White Supremacy vs White Privilege in Environmental Racism Research. *Progress in Human Geography*. 39,6: 809–17.

Quinby, R. 2011. *Time and the Suburbs: The Politics of Built Environments and the Future of Dissent*. Winnipeg: Arbeiter Ring Publishing.

Ranganathan, M. 2014. Paying for Pipes, Claiming Citizenship: Political Agency and Water Reforms at the Urban Periphery. *International Journal of Urban and Regional Research*. 38, 2: 590–608; DOI:10.1111/1468-2427.12028.

Ranganathan, M. and C. Balazs. 2015. Water marginalization at the urban fringe: environmental justice and urban political ecology across the North–South divide. *Urban Geography* 36, 3: 403–23; DOI:10.1080/02723638.2015.1005414.

Ren, X. and R. Keil, eds. 2017. *The Globalizing Cities Reader*. London: Routledge.
Richards, P. M. 2012. *An Integrated Boyhood: Coming of Age in White Cleveland*. Kent: The Kent State University Press.
Rivadulla, M. J. and D. Bocarejo. 2014. Beautifying the Slum: Cable Car Fetishism in Cazucá, Colombia. *International Journal of Urban and Regional Research*, 38, 6 (November): 2025–41.
Robbins, P. 2007. *Lawn People: How Grasses, Weeds and Chemicals Make Us Who We Are*. Philadelphia: Temple University Press.
Robinson, J. 2002. Global and World Cities: A View from off the Map. *International Journal of Urban and Regional Research*, 26, 3: 531–54.
Robinson, J. 2006. *Ordinary Cities: Between Modernity and Development*. London: Routledge.
Robinson, J. 2016. Comparative Urbanism: New Geographies and Cultures of Theorizing the Urban. *International Journal of Urban and Regional Research* 40(1) (January): 187–99.
Robinson, J. and S. Parnell. 2011. Traveling Theory: Embracing Post-Neoliberalism Through Southern Cities. In G. Bridge and S. Watson, eds. *The New Blackwell Companion to the City*. Blackwell Publishing.
Robinson, J. and A. Roy. 2016. Debate on Global Urbanisms and the Nature of Urban Theory. *International Journal of Urban and Regional Research* 40(1) (January): 181–6.
Ronneberger, K. 2015. Henri Lefebvre und die Frage der Zentralität. *Derive*. 60: 23–7.
Ross, A. 2011. *Bird on Fire: Lessons from the World's Least Sustainable City*. Oxford. Oxford University Press.
Ross, B. 2014. *Dead End: Suburban Sprawl and the Rebirth of American Urbanism*. Oxford: Oxford University Press.
Rothstein, R. 2014. *The Making of Ferguson: Public Policies at the Root of its Troubles*. Washington: Economic Policy Institute.
Rousseau, M. 2015. 'Many Rivers to Cross': Suburban Densification and the Social Status Quo in Greater Lyon. *International Journal of Urban and Regional Research* 39, 3: 622–32.
Roy, A. 2009. The 21st-Century Metropolis: New Geographies of Theory. *Regional Studies* 43, 6: 819–30.
Roy, A. 2011. Urbanisms, Worlding Practices and the Theory of Planning. *Planning Theory* 10, 1: 6–15.
Roy, A. 2015. 'Governing the Postcolonial Suburbs.' In P. Hamel and R. Keil, eds. *Suburban Governance: A Global View*. Toronto: University of Toronto Press, 337–48.

Roy, A. 2016. What is Urban about Critical Urban Theory? *Urban Geography* Vol. 37, 6, 810–23.
Roy, A. and A. Ong, eds. 2011. *Worlding Cities: Asian Experiments and the Art of Being Global.* Chichester, West Sussex; Malden, MA: Wiley-Blackwell.
Saunders, D. 2011. *Arrival City: The Final Migration and Our Next World.* Toronto: Vintage Canada.
Saunders, P. 2015. White Urbanization/Black Suburbanization – A Followup. The Corner Sideyard: Yelling from the Window as the World Passes By, 10 November; available at http://cornersideyard.blogspot.ca/2015/11/white-urbanizationblack-suburbanization.html.
Savage, B. 2014. Review. *The Working Man's Reward,* by Elaine Elinek, Oxford: Oxford University Press, 2014. *The Chicago Tribune,* 31 December; available at http://www.chicagotribune.com/lifestyles/books/ct-prj-working-mans-reward-elaine-lewinnek-20141231-story.html.
Savini, F. 2013. Urban Peripheries: The Political Dynamics of Planning Projects. Doctoral dissertation, University of Amsterdam.
Schafran, A. 2013. 'Discourse and dystopia, American style: The rise of 'slumburbia' in a time of crisis'. *City: Analysis of Urban Trends, Culture, Theory, Policy, Action* 17(2). DOI:10.1080/13604813.2013.765125, 130–48.
Schafran, A., O. S. Lopez and J. L. Gin. 2013. Politics and Possibility on the Metropolitan Edge: The Scale of Social Movement Space in Exurbia. *Environment and Planning A* 45: 2833–51.
Schmid, C. 2014. A Typology of Urban Switzerland. In N. Brenner, ed. *Implosions/Explosions.* Berlin: Jovis, 398–427.
Scott, A. J. and E. W. Soja, eds. 1996. *The City: Los Angeles and Urban Theory at the End of the Twentieth Century.* Berkeley: University of California Press.
Semuels, Alana. 2015. Suburbs and the New American Poverty. *The Atlantic,* 7 January; available at http://www.theatlantic.com/business/archive/2015/01/suburbs-and-the-new-american-poverty/384259/.
Seto, K. C., B. Güneralp and L. R. Hutyra. 2012. Global Forecasts of Urban Expansion to 2030 and Direct Impacts on Biodiversity and Carbon Pools. *PNAS early edition* 109(40) (September): 16083–88.
Sevilla-Buitrago, A. 2014. Urbs in rure: Historical Enclosure and the Extended Urbanization of the Countryside. In N. Brenner. ed. *Implosions/Explosions.* Berlin: Jovis, 236–59.
Sewell, J. 1993. *The Shape of the City: Toronto Struggles with Modern Planning.* Toronto: University of Toronto Press.
Sewell, J. 2009. *Shape of the Suburbs: Understanding Toronto's Sprawl.* Toronto: University of Toronto Press.

Sharp, D. and C. Panetta, eds. 2016. *Beyond the Square: Urbanism and the Arab Uprisings*. New York: Urban Research.
Shen, J. 2015. Paving the way for growth: rail transit development and suburbanization in Shanghai, Paper presented at International Forum on Global Suburbanisms, 9–11 May 2015, Fudan University, Shanghai.
Sheppard, E., H. Leitner and A. Maringanti. 2013. Provincializing Global Urbanism: A Manifesto. *Urban Geography*, 34, 7: 893–900, http://dx.doi.org/10.1080/02723638.2013.807977.
Shields, R. 2012. Feral Suburbs: Cultural Topologies of Social Reproduction, Fort McMurray, Canada. *International Journal of Cultural Studies*, 15, 3: 205–15.
Siemiatycki, M. 2006. Message in a Metro: Building Urban Rail Infrastructure and Image in Delhi, India. *International Journal of Urban and Regional Research* 30(2): 277–92.
Sieverts, T. 2003. *Cities Without Cities: An Interpretation of the Zwischenstadt*. London: Taylor and Francis.
Sieverts, T. 2011. The In-Between City as an Image of Society: From the Impossible Order Towards a Possible Disorder in the Urban Landscape. In D. Young, P. B. Wood and R. Keil, eds. *In-Between Infrastructure: Urban Connectivity in an Age of Vulnerability*. Kelowna: Praxis (e)Press, 19–28.
Sieverts, T. 2015. On the Relations of Culture and Suburbia: How to Give Meaning to the Suburban Landscape? In P. Hamel and R. Keil, eds. *Suburban Governance: A Global View*. Toronto: University of Toronto Press, 239–50.
Simone, A. M. 2004. People as Infrastructure: Intersecting Fragments in Johannesburg. *Public culture* 16(3): 407–29.
Simone, A. M. 2012. No Longer the Subaltern: Refiguring Cities of the Global South. In T. Edensor and M. Jayne, eds. *Urban Theory Beyond the West: A World of Cities*. London and New York: Routledge, 31–46.
Simone, A. M. 2016. It's Just the City After All. *International Journal of Urban and Regional Research*. 40, 1: 210–18.
Skaburskis, A. 2006. New Urbanism and Sprawl: A Toronto Case Study. *Journal of Planning Education and Research* 25(3). DOI:10.1177/0739456X05278985, 233–48.
Smith, N. 2002. New Globalism, New Urbanism: Gentrification as Global Urban Strategy. *Antipode Volume* 34(3) (July): 427–50.
Smith, N. 2006. Foreword. In N.C. Heynen, M.Kaika and E. Swyngedouw, eds. *In the Nature of Cities: Urban Political Ecology and the Politics of Urban Metabolism*. Abingdon: Routledge, xi–xv.
Smith, P. D. 2012. *City: A Guidebook for the Urban Age*. London: Bloomsbury.

Smith, A. C. and N. Bedi. 2016. Trump won Florida on strength of suburban white vote, *Tampa Bay Times*, 9 November; available at http://www.miamiherald.com/news/politics-government/election/article113786328.html.

Soja, E. W. 1996. *Thirdspace: Journeys to Los Angeles and Other Real-and-Imagined Places*. Cambridge, Massachusetts: Blackwell.

Soja, E. W. 2000. *Postmetropolis: Critical Studies of Cities and Regions*. Oxford: Blackwell.

Soja, E. W. 2010. *Seeking Spatial Justice*. Minneapolis, University of Minnesota Press.

Stanilov, K. 2007. Housing Trends in Central and Eastern European Cities During and after the Period of Transition. In K. Stanilov, ed. *The Post-Socialist City: Urban Form and Space Transformations in Central and Eastern Europe after Socialism*. Dordrecht: Springer Verlag, 173–90.

Stanilov, K. and L. Sykora, eds. 2014a. *Confronting Suburbanization: Urban Decentralization in Postsocialist Central and Eastern Europe*. Oxford: Wiley-Blackwell.

Stanilov, K. and L. Sykora. 2014b. Managing Suburbanization in Postsocialist Europe. In K. Stanilov and L. Sykora, eds., 2014. *Confronting Suburbanization: Urban Decentralization in Postsocialist Central and Eastern Europe*. Oxford: Wiley-Blackwell, 296–320.

Steffen, W., P. J. Crutzen and J. R. McNeill. 2007. The Anthropocene: Are Humans Now Overwhelming the Great Forces of Nature? *Ambio* 36(8): 614–21.

Stone, C. N. and H. T. Sanders. 1987. *The Politics of Urban Development*. Lawrence: University Press of Kansas.

Story, L. and S. Saul. 2015. Stream of Foreign Wealth Flows to Elite New York Real Estate. *New York Times Dossier*. Available at http://www.nytimes.com/2015/02/08/nyregion/stream-of-foreign-wealth-flows-to-time-warner-condos.html?_r=0.

Stromberg, J. 2016. Highways gutted American cities. So why did they build them? *Vox. com* 11 May; Available at http://www.vox.com/2015/5/14/8605917/highways-interstate-cities-history.

Swilling, M. 2016. The curse of urban sprawl: how cities grow and why this has to change, *Guardian*, 12 July, available at https://www.theguardian.com/cities/2016/jul/12/urban-sprawl-how-cities-grow-change-sustainability-urban-age.

Swyngedouw, E. 1996. The City as Hybrid: On Nature, Society and Cyborg Urbanization. *Capitalism Nature Socialism* 7(2): 65–80.

Swyngedouw, E. 2004. *Social Power and the Urbanization of Water: Flows of Power*. Oxford: Oxford University Press.

Swyngedouw, E. 2011. Depoliticized Environments: The End of Nature, Climate Change and the Post-Political Condition. *Royal Institute of Philosophy Supplement* 69: 253–74.

Swyngedouw, E. and M. Kaika. 2014. Urban Political Ecology. Great Promises, Deadlock…and New Beginnings? *Documents d'Analisi Geografica* 60(3): 459–81.

Sykora, L and K. Stanilov. 2014. The Challenge of Postsocialist Suburbanization. In K. Stanilov and L. Sykora, eds. 2014a. *Confronting Suburbanization: Urban Decentralization in Postsocialist Central and Eastern Europe*. Oxford: Wiley Blackwell, 1–32.

Szirmai, V. ed. 2011. *Urban Sprawl in Europe: Similarities or Differences?* Budapest: AULA Kiadó.

Tartt, D. 2013. *The Goldfinch*. New York: Little Brown and Company.

Teaford, J. 1997. *Post-Suburbia: Government and Politics in the Edge Cities*. Baltimore: Johns Hopkins University Press.

Teaford, J. 2011. Suburbia and Post-Suburbia: A Brief History. In N. A. Phelps and F. Wu, eds. *International Perspectives on Suburbanization: A Post-Suburban World?* London: Palgrave Macmillan, 15–34.

Tonkiss, F. 2013. *Cities by Design: The Social Life of Urban Form*. Cambridge: Polity.

Touati-Morel, A. 2015. Hard and Soft Densification Policies in the Paris City-Region. *International Journal of Urban and Regional Research* 39, 3: 603–12.

Tzaninis, Y. 2016. *Building Utopias on Sand: The Production of Space in Almere and the Future of Suburbia* (Doctoral dissertation). University of Amsterdam.

Ucoglu, Murat. 2016. Istanbul's Suburban Dream Is Fueled by Debt, *CityLab*, 25 February; http://www.citylab.com/housing/2016/02/istanbuls-suburban-dream-is-fueled-by-debt/470550/.

United Nations, Department of Economic and Social Affairs, Population Division. 2014. *World Urbanization Prospects: The 2014 Revision*, Highlights (ST/ESA/SER. A/352).

United Way of Toronto. 2011. *Vertical Poverty*. Poverty by Postal Code 2. Toronto: United Way.

Unless We Build Them Right, Time Magazine, 18 September, available at http://science.time.com/2012/09/18/urban-planet-how-growing-cities-will-wreck-the-environment-unless-we-build-them-right/.

Urry, J. 2014. Epilogue. In P. Adey, D. Bissell, K. Hannam, P. Merriman and M. Sheller, eds. *The Routledge Handbook of Mobilities*. London: Routledge, 585–92.

Vaughan, L., S. Griffiths, M. Haklay and C. E. Jones. 2009. Do the Suburbs Exist? Discovering the Complexity and Specificity in Suburban Built Form. *Transactions of the Institute of British Geographers* 34 (4): 475–88.

Veracini, L. 2011. Suburbia, Settler Colonialism and the Word Turned Inside Out. *Housing, Theory and Society* 29(4): 339–57.

Vicino, T. J. 2008. *Transforming Race and Class in Suburbia: Decline in Metropolitan Baltimore*. New York: Palgrave Macmillan.
Wachsmuth, D. 2012. Three Ecologies: Urban Metabolism and the Society–Nature Opposition. *The Sociological Quarterly* 53(4): 506–23.
Wacquant, L. 2008. *Urban Outcasts: A Comparative Sociology of Advanced Marginality*. Malden: Polity.
Wagner, A. 1935. *Los Angeles: Zweimillionenstadt in Südkalifornien*. Leipzig.
Waldie, D. J. 1996. *Holy Land: A Suburban Memoir*. Los Angeles: W. W. Norton.
Walker, R. 1977. The Suburban Solution: Capitalism and the Construction of Suburban Space in the United States. Ph.D. Dissertation, Johns Hopkins University.
Walker, R. 1981. A Theory of Suburbanization: Capitalism and the Construction of Urban Space in the United States. In M. Dear and A. Scott, ed. *Urbanization and Urban Planning in Capitalist Societies*. New York: Methuen, 383–430.
Walker, R. and R. Lewis. 2004. Beyond the Crabgrass Frontier: Industry and the Spread of North American Cities, 1850–1950. In R. Lewis, ed. *Manufacturing Suburbs: Building Work and Home on the Metropolitan Fringe*. Philadelphia: Temple University Press, 16–31.
Walker, R. and R. D. Lewis. 2001. 'Beyond the Crabgrass Frontier: Industry and the Spread of North American Cities, 1850–1950.' *Journal of Historical Geography* 27(1): 3–19.
Walks, A. 2013. Suburbanism as a Way of Life, Slight Return. *Urban Studies* 50(8): 1471–88.
Walsh, B. 2012. Urban Planet: How Growing Cities Will Wreck the Environment Unless We Build Them Right, *Time Magazine*, 18 September, available at http://science.time.com/2012/09/18/urban-planet-how-growing-cities-will-wreck-the-environment-unless-we-build-them-right/.
Warner, S. B. 1978. *Streetcar Suburbs: The Process of Growth in Boston (1870–1900)*. Cambridge: Harvard University Press.
Warner, S. B. 1972. *The Urban Wilderness: A History of the American City*. Berkeley and Los Angeles: University of California Press.
Weber, M. 1921. Die nichtlegitime Herrschaft (Typologie der Städte), in *Wirtschaft und Gesellschaft*. Tübingen: J. C. B. Mohr (Paul Siebeck), 1976.
Webster, R., ed., 2000. *Expanding Suburbia: Reviewing Suburban Narratives*. New York and Oxford: Berghahn Books.
Whitehead, M. 2014. *Environmental Transformations*. London: Routledge.
Wiese, A. 2004. *Places of Their Own: African American Suburbanization in the Twentieth Century*. Chicago: The University of Chicago Press.

Wu, F. 2013. Chinese Suburban Constellations: The Growth Machine, Urbanization and Middle Class Dreams. In R. Keil, ed. *Suburban Constellations: Governance, Land and Infrastructure in the 21st Century*. Berlin: Jovis Verlag, 190–4.

Wu, F. and J. Shen. 2015. Suburban Development and Governance in China. In P. Hamel and R. Keil, eds. *Suburban Governance: A Global View*. Toronto: University of Toronto Press, 303–24.

Wu, F. and N. A. Phelps. 2008. From suburbia to post-suburbia in China: aspects of the transformation of the Beijing and Shanghai global city regions. *Built Environment* 34(4): 464–82.

Yiftachel, O. 2009. Theoretical Notes On 'Gray Cities': the Coming of Urban Apartheid? *Planning Theory*, vol. 8, 1: 88–100.

Young, D. and R. Keil. 2014. Locating the Urban In-between: Tracking the Urban Politics of Infrastructure in Toronto. *International Journal of Urban and Regional Research* 38(5): 1589–608.

Young, D., P. B. Wood and R. Keil, eds. 2011. *In-Between Infrastructure: Urban Connectivity in an Age of Vulnerability*. Kelowna: Praxis (e)Press.

Zumelzu, A. 2011. La Sustentabilidad como problema mundial en la era del carbon Eindhoven como ejemplo de ciudad antropocena. *AUS (Valdivia)*, 2011, no. 10, 4–7. ISSN 0718-7262.

《城市研究系列》总目

☑ 已出版，☐ 待出版

☑ 马克思主义与城市
☑ 保卫空间
☑ 城市空间的社会生产
☑ 城市：非正当性支配
☑ 现代性和大都市
☑ 驱逐：全球经济中的野蛮性与复杂性
☑ 浮现的世界：21世纪的城市与区域
☑ 空间问题：文化拓扑学和社会空间化
☑ 文化崩溃：创意阶层的衰落
☑ 城市的视角
☑ 世界城市网络：一项全球层面的城市分析
☑ 社会理论与城市问题
☑ 全球城市政治：国家的非正规化
☑ 城市理论与城市经验：遇见城市
☑ 未来是什么？
☑ 贫困资本：小额金融与促进发展
☑ 在线游戏的社会与文化意义
☑ 边缘处的地方：现代性的另类地理
☑ 阁楼生活方式：城市变化中的文化与资本
☑ 新国家空间：城市治理与国家形态的尺度重构
☑ 城市与全球资本主义
☑ 郊区化的世界：自外向内打造世界城市
☐ 城市发展的基本趋势
☐ 大都市与精神生活
☐ 新城市空间：城市理论与尺度问题
☐ 城市发展史
☐ 空间、城市和社会理论
☐ 拱廊街计划
☐ 支离的城市主义
☐ 伍尔夫与伦敦：城市的性别政治